CZYM JEST MARKETING CYFROWY W 2024 ROKU?

Odkryj na nowo swoją strategię marketingową, korzystając z najnowszych trendów i technologii

CZYM JEST MARKETING CYFROWY W 2024 ROKU?

Odkryj na nowo swoją strategię marketingową, korzystając z najnowszych trendów i technologii

Vincent Lefebvre

Mojemu synowi Augustowi

CONTENTS

PRZEDMOWA

Autor: Jean Darmanin, ekspert w dziedzinie marketingu cyfrowego i innowacji technologicznych

W świecie, w którym jedyną stałą jest zmiana, marketing cyfrowy ewoluuje w zawrotnym tempie, kształtowany przez postęp technologiczny i przemiany społeczne. Jako ekspert w tej dynamicznej dziedzinie miałem zaszczyt być świadkiem tych zmian i uczestniczyć w nich, obserwując, jak na nowo definiują one sposób, w jaki marki nawiązują kontakt ze swoimi odbiorcami.

Książka, którą trzymasz w rękach, to dogłębna i wnikliwa eksploracja tego stale zmieniającego się krajobrazu. Vincent Lefebvre, dzięki niezwykłej wiedzy i przewidywaniu, prowadzi nas przez kluczowe trendy w marketingu cyfrowym na rok 2024, odsłaniając strategie, narzędzia i techniki, które kształtują przyszłość tej branży.

Od analityki predykcyjnej po sztuczną inteligencję, rzeczywistość rozszerzoną i blockchain – ta książka nie tylko opisuje technologie; bada ich praktyczny wpływ na marketing i sposoby ich wykorzystania do tworzenia bogatszych, bardziej spersonalizowanych doświadczeń klientów. Vincent Lefebvre nie tylko oferuje nam wizję tego, jak będzie wyglądał marketing cyfrowy w najbliższej przyszłości, ale także praktyczne porady i studia przypadków ilustrujące, jak te koncepcje urzeczywistniają się w prawdziwym świecie.

Ta książka to lektura obowiązkowa dla specjalistów ds. marketingu, przedsiębiorców, studentów i wszystkich zainteresowanych fascynującym skrzyżowaniem technologii i marketingu. Jako czytelnik będziesz przygotowany nie tylko na zrozumienie bieżących trendów, ale także na przewidywanie przyszłych zmian, dzięki czemu będziesz w czołówce innowacji w marketingu cyfrowym.

Przygotuj się na podróż przez ewoluujący krajobraz marketingu cyfrowego, gdzie innowacja, kreatywność i strategia spotykają się, aby kształtować przyszłość tego, jak łączymy się, komunikujemy i konwertujemy w cyfrowym świecie.

WSTĘP

„Największym ryzykiem jest nie podejmować żadnego ryzyka".
Marka Zuckerberga

1.1. Definicja i zakres

Wyobraź sobie świat, w którym każda interakcja, każde kliknięcie, każde udostępnienie w Internecie kształtuje historię, historię, która mówi o Tobie, o mnie, o nas wszystkich. To tutaj marketing cyfrowy ożywa. Ale czym tak naprawdę jest marketing cyfrowy w 2024 roku? Nie chodzi tu tylko o reklamy czy wpisy w mediach społecznościowych. To złożona sieć, utkana z finezją, łącząca technologie, strategie i ludzkie historie.

Marketing cyfrowy to w istocie ciągła rozmowa między markami a konsumentami, prowadzona za pośrednictwem niezliczonych kanałów cyfrowych. Obejmuje wszystko, od SEO, które pomaga ludziom znaleźć odpowiedzi na swoje pytania w Google, po reklamy na Facebooku, które wydają się znać Twoje potrzeby, zanim jeszcze to zrobisz. W 2024 r. definicja ta została rozszerzona i obejmuje zaawansowane technologie, takie jak sztuczna inteligencja, rzeczywistość rozszerzona i nie tylko.

Ale dlaczego jest to dla Ciebie ważne? Niezależnie od tego, czy jesteś przedsiębiorcą, studentem, artystą, czy po prostu ciekawi Cię technologia cyfrowa, zrozumienie marketingu cyfrowego jest jak posiadanie klucza do ogromnego i stale rozwijającego się królestwa. Wymaga zrozumienia, w jaki sposób kierowane są komunikaty, w jaki sposób marki łączą się ze swoimi odbiorcami i jak ostatecznie te interakcje kształtują nasze społeczeństwo.

W tej podróży przez marketing cyfrowy w 2024 roku odkryjesz nie tylko jego elementy, ale także jego wpływ i zakres. Zobaczysz, jak wpływa na decyzje zakupowe, kształtuje opinie i buduje społeczności. A co najważniejsze, dowiesz się, jak można je wykorzystać etycznie i skutecznie, aby stworzyć lepszy, bardziej połączony i bardziej świadomy świat.

Rozpocznij więc tę przygodę. Odkryj, jak ewoluował marketing cyfrowy, jak działa teraz, a przede wszystkim, jak będzie kształtował naszą przyszłość.

1.2. Rozwój historyczny

Aby w pełni docenić krajobraz marketingu

cyfrowego w 2024 r., konieczne jest spojrzenie wstecz i zrozumienie, skąd pochodzimy. Marketing cyfrowy, jaki znamy dzisiaj, jest wynikiem fascynującej ewolucji, tańca pomiędzy technologią a ludzkimi potrzebami, pomiędzy innowacją a kreatywnością.

Cofnijmy się do lat 90., początków ery cyfrowej. Był to czas, kiedy Internet stawiał pierwsze kroki w domach. Strony internetowe były proste, często zawierały tylko tekst na prostym tle. Marketing cyfrowy w tamtych czasach był prymitywny – pomyśl o reklamach banerowych, pierwszych e-mailach marketingowych. To było nowe, ekscytujące, ale wciąż bardzo proste.

Potem nadeszło nowe tysiąclecie, a wraz z nim rewolucja. Wyszukiwarki takie jak Google zaczęły kształtować sieć. Narodziło się SEO, zmieniające sposób wyszukiwania i konsumpcji treści. Firmy zaczęły rozumieć znaczenie bycia widocznym w Internecie, a marketing cyfrowy nabrał nowego wymiaru.

Lata 2010. przyniosły gwałtowny rozwój sieci społecznościowych. Facebook, Twitter, Instagram, a później TikTok na nowo zdefiniowały komunikację. Marketing cyfrowy stał się bardziej osobisty, bardziej bezpośredni. Marki nie rozmawiały już „do" swoich odbiorców, ale „z" nimi. To była era zaangażowania, tworzenia treści i opowiadania historii.

A teraz, w 2024 roku, jesteśmy w epoce hiperpersonalizacji i integracji technologicznej.

Sztuczna inteligencja i nauka o danych przekształciły marketing cyfrowy w doświadczenie szyte na miarę. Każda interakcja online jest analizowana, a każde dane wykorzystywane są do tworzenia trafniejszych i skuteczniejszych kampanii. Rzeczywistość rozszerzona i rzeczywistość wirtualna otworzyły nowe granice, umożliwiając wciągające i interaktywne doświadczenia.

Rozwój ten nie ma jedynie charakteru technologicznego. Odzwierciedla zmianę w naszym sposobie komunikowania się, konsumpcji i życia. Marketing cyfrowy w 2024 roku to nie tylko zestaw narzędzi i technik. Jest lustrem naszego społeczeństwa, naszych wartości i naszych aspiracji.

Dzięki zrozumieniu tej historii już nigdy nie zobaczysz zwykłej reklamy internetowej w ten sam sposób. Zobaczysz rozdział ciągle zmieniającej się historii, historii, w której jesteś zarówno widzem, jak i aktorem.

1.3. Znaczenie we współczesnym świecie

W dynamicznym świecie roku 2024 marketing cyfrowy to nie tylko aspekt handlu i komunikacji, to centralny filar naszego nowoczesnego społeczeństwa. Jego znaczenie wykracza poza zwykłą reklamę lub promocję produktu. Kształtuje naszą kulturę, wpływa na nasze wybory i jest kluczowym czynnikiem napędzającym innowacje i wzrost gospodarczy.

Na początek zastanówmy się nad wpływem marketingu cyfrowego na gospodarkę. Firmy, od start-upów po międzynarodowe korporacje, polegają na marketingu cyfrowym, aby dotrzeć do swoich klientów. W świecie, w którym większość konsumentów spędza dużą część swojego czasu w Internecie, bycie widocznym w sieci nie jest luksusem, ale koniecznością. Marketing cyfrowy pozwala firmom komunikować się z odbiorcami w ukierunkowany i wymierny sposób, często zapewniając znacznie wyższy zwrot z inwestycji niż tradycyjne metody.

Jednak znaczenie marketingu cyfrowego wykracza daleko poza obrót. Odgrywa kluczową rolę w konstruowaniu i rozpowszechnianiu idei i wartości. Na przykład internetowe kampanie uświadamiające mają moc mobilizowania milionów ludzi wokół spraw społecznych i środowiskowych. Sieci społecznościowe, blogi, filmy – wszystkie te narzędzia pozwalają nam dzielić się historiami, inicjować debaty, tworzyć społeczności. Marketing cyfrowy stał się wektorem zmian społecznych.

Ponadto marketing cyfrowy jest podatnym gruntem dla innowacji. Postępy w sztucznej inteligencji, analityce danych, rzeczywistości rozszerzonej i wirtualnej – wszystkie znajdują praktyczne i potężne zastosowania w marketingu cyfrowym. Technologie te nie tylko zwiększają skuteczność marketingu; zmieniają sposób, w jaki wchodzimy w interakcję ze światem cyfrowym, wzbogacając nasze doświadczenia online w sposób niewyobrażalny kilka lat temu.

Wreszcie marketing cyfrowy jest niezbędny dla edukacji i informacji. W świecie obfitującym w informacje marketing cyfrowy pomaga filtrować, organizować i prezentować te informacje w przystępny sposób. Niezależnie od tego, czy chodzi o samouczki wideo, blogi edukacyjne czy interaktywne seminaria internetowe, marketing cyfrowy jest potężnym narzędziem do dzielenia się wiedzą i zachęcania do uczenia się przez całe życie.

Krótko mówiąc, marketing cyfrowy w 2024 roku to znacznie więcej niż szereg strategii biznesowych. Jest integralną częścią naszego codziennego życia, wpływającą na sposób, w jaki myślimy, współdziałamy i ewoluujemy jako społeczeństwo. Zrozumienie jego znaczenia oznacza zrozumienie kluczowego aspektu naszych czasów.

ROZDZIAŁ 1: PODSTAWY MARKETINGU CYFROWEGO

„Najlepszym sposobem przewidywania przyszłości jest jej tworzenie".
Piotra Druckera

1.1 SEO: Optymalizacja wyszukiwarek

1.1.1 Podstawy SEO

Optymalizacja wyszukiwarek, czyli SEO, to subtelna sztuka, nauka, która stale się rozwija. U podstaw tej dyscypliny leży prosty, ale potężny cel: poprawa widoczności i trafności witryny internetowej w wynikach wyszukiwania. Ale jak dokładnie dotrzemy tam w 2024 roku? Zacznijmy od podstaw.

SEO opiera się na trzech podstawowych filarach: technice, treści i autorytecie. Część techniczna dotyczy optymalizacji struktury serwisu. Obejmuje to szybkość ładowania strony, przyjazność dla urządzeń mobilnych i przejrzystą architekturę witryny. Dobrze zorganizowana witryna jest jak dobrze zorganizowana biblioteka, w której łatwo znaleźć każdą książkę.

Następnie treść. Nie chodzi tylko o ilość, ale o jakość i przydatność. Wyszukiwarki, dzięki swoim wyrafinowanym algorytmom, starają się zrozumieć zawartość witryny tak, jak zrobiłby to człowiek. Analizują słowa, kontekst, świeżość treści. Dobra treść nie tylko odpowiada na pytania użytkowników, ale także zapewnia im wzbogacające doświadczenia.

Wreszcie autorytet. Często sprowadza się to do linków z innych stron internetowych. Potraktuj te linki jako rekomendacje. Im częściej dana witryna jest polecana przez zaufane źródła, tym bardziej uważana jest za autorytet w swojej dziedzinie. Jednak w 2024 roku jakość linków będzie miała pierwszeństwo przed ilością. Jeden link z renomowanej witryny jest wart znacznie więcej niż setki linków niskiej jakości.

Ale SEO na tym się nie kończy. Jest to dyscyplina stale rozwijająca się, kształtowana przez zmiany w zachowaniach użytkowników i aktualizacje algorytmów wyszukiwarek. Obecnie czynniki takie jak doświadczenie użytkownika (UX), zamiar wyszukiwania, a nawet sztuczna inteligencja odgrywają kluczową rolę w SEO witryny.

Rozumiejąc te podstawowe zasady, zrobiłeś pierwszy krok w kierunku opanowania SEO. To fascynująca podróż, podczas której każde małe ulepszenie może prowadzić do znaczących rezultatów. W kolejnych sekcjach szczegółowo omówimy każdy z tych filarów, zapewniając wiedzę i narzędzia potrzebne do osiągnięcia doskonałości w dynamicznym świecie SEO.

1.1.2 SEO techniczne i SEO na stronie

SEO techniczne i on-page to fundamenty, na których opiera się całe budowanie naturalnego odsyłania. W 2024 r. te aspekty SEO stały się bardziej złożone, ale ich zrozumienie pozostaje niezbędne dla każdego, kto chce skutecznie poruszać się po świecie marketingu cyfrowego.

SEO techniczne skupia się na optymalizacji struktury serwisu. Zaczyna się od szybkości ładowania strony. W świecie, w którym liczy się każda sekunda, szybka witryna to witryna, która zatrzymuje odwiedzających. Wyszukiwarki preferują witryny, które ładują się szybko, zapewniając użytkownikom lepsze doświadczenia. Obejmuje to optymalizację obrazów, użycie buforowania i czasami minimalizowanie kodu JavaScript.

Do tego dochodzi przyjazność dla urządzeń mobilnych. Ze względu na powszechność smartfonów witryna niezoptymalizowana pod kątem urządzeń mobilnych to witryna, która traci znaczną część swoich odbiorców. Responsywny projekt nie jest opcją, jest koniecznością. Wyszukiwarki, zwłaszcza Google, faworyzują w swoich rankingach witryny dostosowane do urządzeń mobilnych.

Architektura witryny również odgrywa kluczową rolę. Przejrzysta i logiczna struktura nie tylko ułatwia użytkownikom poruszanie się po serwisie, ale także pozwala wyszukiwarkom lepiej zrozumieć i zaindeksować treść. Obejmuje to użycie odpowiednich tagów HTML, utworzenie mapy witryny XML i ustalenie spójnej struktury adresów URL.

Przejdźmy teraz do SEO na stronie. Tutaj skupiamy się na optymalizacji zawartości każdej strony. Zaczyna się od tagów tytułowych i metaopisów. Elementy te, choć często pomijane, są niezbędne. Działają jak witryna sklepowa dla każdej strony, dając użytkownikom i wyszukiwarkom szybki przegląd zawartości strony.

Treść sama w sobie powinna być wysokiej jakości, istotna i zapewniać wartość czytelnikom. W 2024 r. wyszukiwarki stały się niezwykle dobre w ocenie jakości treści. Szukają oryginalnych, dobrze napisanych informacji, które bezpośrednio odpowiadają intencjom wyszukiwania użytkowników. Używanie słów kluczowych jest nadal ważne, ale musi być naturalne i kontekstowe.

Wreszcie optymalizacja obrazu jest kolejnym kluczowym aspektem SEO na stronie. Obrazy powinny być wysokiej jakości, ale także zoptymalizowane pod kątem Internetu. Oznacza to zmniejszenie rozmiaru plików bez utraty przejrzystości i użycie tagów alt do opisu zawartości obrazu, co jest niezbędne dla SEO i dostępności.

Opanowując SEO techniczne i SEO na stronie, tworzysz solidne podstawy niezbędne do odniesienia sukcesu w witrynie. To inwestycja, która się opłaca nie tylko pod względem pozycji w wyszukiwarkach, ale także zapewniania użytkownikom świetnego doświadczenia.

1.1.3 SEO poza stroną i linki zwrotne

SEO poza stroną i linki zwrotne to zewnętrzne filary SEO, odgrywające kluczową rolę w tym, jak witryna jest postrzegana i oceniana przez wyszukiwarki. W 2024 roku te aspekty SEO ewoluowały, ale ich fundamentalne znaczenie pozostało niezmienione. Reprezentują reputację i wiarygodność witryny w rozległym wszechświecie Internetu.

SEO poza stroną skupia się przede wszystkim na linkach zwrotnych, czyli linkach przychodzących do Twojej witryny z innych domen. Linki te są jak wotum zaufania w oczach wyszukiwarek. Im więcej wysokiej jakości linków do witryny otrzyma z renomowanych witryn, tym bardziej uważa się ją za wiarygodne i wiarygodne źródło. Kluczem jest jednak jakość, a nie ilość. Pojedynczy link z witryny o wysokim autorytecie może być znacznie cenniejszy niż dziesiątki linków z witryn o niższej jakości.

W 2024 roku ewoluował także sposób pozyskiwania tych linków zwrotnych. Sztuczne lub manipulacyjne praktyki budowania linków są nie tylko nieskuteczne, ale mogą również zaszkodzić reputacji witryny. Skuteczne strategie SEO poza stroną często obejmują tworzenie wysokiej jakości treści, które w naturalny sposób przyciągają linki zwrotne, uczestnictwo w społecznościach internetowych oraz współpracę z innymi witrynami i wpływowymi osobami w Twojej niszy.

Kolejnym ważnym aspektem SEO poza stroną jest obecność w sieciach społecznościowych. Chociaż linki z tych platform nie są zazwyczaj uważane za linki zwrotne w tradycyjnym znaczeniu, odgrywają one znaczącą rolę w budowaniu świadomości i autorytetu marki. Aktywna i angażująca obecność w mediach społecznościowych może nie tylko przyciągnąć ruch do Twojej witryny, ale także zachęcić do udostępnień i wzmianek, co jest pozytywnym sygnałem dla wyszukiwarek.

Dodatkowo wzmianki o marce, nawet bez linku, stały się ważnym czynnikiem SEO poza stroną. Wyszukiwarki dzięki wyrafinowanym algorytmom są w stanie rozpoznać i ocenić te wzmianki. Przyczyniają się do ogólnego autorytetu witryny, nawet jeśli nie towarzyszy im hiperłącze.

Wreszcie istotne jest monitorowanie i zarządzanie reputacją w Internecie. Recenzje i komentarze na zewnętrznych witrynach, forach i platformach z recenzjami mogą mieć wpływ na postrzeganie Twojej marki, a co za tym idzie, na skuteczność SEO. Proaktywne zarządzanie reputacją w Internecie, w tym odpowiadanie na recenzje i udział w odpowiednich dyskusjach, to kluczowy element SEO poza stroną.

Podsumowując, SEO poza stroną i linki zwrotne w 2024 r. to nie tylko gromadzenie linków, ale także budowanie solidnej i szanowanej obecności w Internecie. Obejmuje to holistyczną strategię obejmującą tworzenie wysokiej jakości treści, zaangażowanie w mediach społecznościowych, zarządzanie reputacją w Internecie i budowanie autentycznych relacji w całym ekosystemie cyfrowym.

1.1.4 SEO lokalne i mobilne

W rozległym świecie SEO w 2024 roku szczególnie wyróżniają się dwa aspekty: SEO lokalne i SEO mobilne. Te dwa aspekty odniesień naturalnych odpowiadają konkretnym potrzebom i odzwierciedlają aktualne trendy w konsumpcji i korzystaniu z Internetu.

Lokalne SEO stało się niezbędne dla firm i

marek, które działają lokalnie lub mają fizyczne punkty sprzedaży. To sztuka optymalizacji swojej obecności w Internecie, aby przyciągnąć klientów z Twojej okolicy lub miasta. W świecie, w którym wyszukiwania „blisko mnie" lub „blisko mnie" są na porządku dziennym, kluczowa jest dobra pozycja w wynikach wyszukiwania lokalnego. Obejmuje to optymalizację wpisu w Google Moja Firma, zbieranie lokalnych recenzji i używanie w treści słów kluczowych opartych na lokalizacji. Dobre lokalne SEO pomoże Twojej firmie wyróżnić się w lokalnej społeczności, przyciągnąć więcej klientów do Twojego sklepu lub wygenerować połączenia telefoniczne.

Z drugiej strony SEO mobilne uwzględnia doświadczenia użytkowników na urządzeniach mobilnych. Wraz ze stałym wzrostem wykorzystania smartfonów do uzyskiwania dostępu do Internetu, wyszukiwarki, zwłaszcza Google, zaczęły faworyzować witryny zoptymalizowane pod kątem urządzeń mobilnych. Oznacza to, że Twoja witryna powinna nie tylko być responsywna, dostosowująca się do różnych rozmiarów ekranów, ale także zapewniać płynną i szybką obsługę użytkownikom na urządzeniach mobilnych. Optymalizacja mobilna obejmuje takie elementy, jak krótki czas ładowania, łatwe do kliknięcia przyciski i linki oraz projekt ułatwiający nawigację na małym ekranie. W 2024 roku witryna, która nie jest zoptymalizowana pod kątem urządzeń mobilnych, ryzykuje utratę znacznej części ruchu i widoczności.

SEO lokalne i mobilne są ze sobą ściśle powiązane, ponieważ wiele wyszukiwań lokalnych odbywa się na urządzeniach mobilnych. Użytkownicy wyszukują informacji w drodze, często z zamiarem podjęcia natychmiastowych działań, np. znalezienia restauracji, sklepu lub usługi. Zatem skuteczna strategia SEO w 2024 roku musi integrować te dwa aspekty, aby zaspokoić potrzeby użytkowników lokalnych i mobilnych.

Podsumowując, SEO lokalne i mobilne to istotne elementy ogólnej strategii SEO na rok 2024. Odnoszą się do konkretnych zachowań związanych z wyszukiwaniem i mają kluczowe znaczenie dla firm, które chcą przyciągnąć lokalną bazę klientów i zapewnić optymalną wygodę użytkowania na urządzeniach mobilnych. Integrując je ze swoją strategią SEO, masz pewność, że nie przegapisz cennych możliwości w coraz bardziej mobilnym i zlokalizowanym świecie.

1.2 Reklama w Internecie

1.2.1. Przegląd platform reklamowych

W dynamicznym obszarze reklamy internetowej w 2024 roku panorama platform reklamowych jest zarówno różnorodna, jak i innowacyjna. Platformy te oferują szeroką gamę opcji targetowania, angażowania i konwertowania różnych odbiorców, z których każda ma swoją specyfikę i korzyści.

Tradycyjni giganci, tacy jak Google i Facebook, nadal dominują na rynku, oferując zaawansowane możliwości targetowania w oparciu o dane demograficzne, zainteresowania i zachowania zakupowe. Google, dzięki swojej sieci wyszukiwania i platformie reklamowej, umożliwia reklamodawcom umieszczanie się dokładnie tam, gdzie użytkownicy aktywnie szukają informacji. Facebook natomiast specjalizuje się w tworzeniu wysoce spersonalizowanych kampanii dzięki dogłębnej znajomości preferencji i zwyczajów swoich użytkowników.

Jednocześnie platformy takie jak Instagram, Snapchat i TikTok przyciągają młodszą i bardziej zaangażowaną publiczność. Te sieci społecznościowe, skupiające się na wizualizacjach i wideo, oferują wyjątkowe możliwości kreatywnych i wciągających kampanii. W szczególności TikTok zrewolucjonizował reklamę online dzięki swoim krótkim i urzekającym formatom, stając się uprzywilejowanym placem zabaw dla marek skierowanych do młodych i modnych odbiorców.

LinkedIn nadal jest preferowaną platformą dla marketingu B2B, zapewniającą bezpośredni dostęp do kluczowych specjalistów i decydentów z różnych branż. Możliwość targetowania w oparciu o określone kryteria zawodowe, takie jak branża, wielkość firmy czy stanowisko, czyni go nieocenionym narzędziem w kampaniach B2B. Ponadto pojawienie się reklamy programmatic zmieniło sposób kupna i sprzedaży powierzchni reklamowej. Dzięki automatyzacji i sztucznej inteligencji reklamodawcy mogą teraz kupować powierzchnię reklamową w czasie rzeczywistym, kierując reklamy do określonych odbiorców w wielu witrynach i aplikacjach, maksymalizując efektywność i ROI swoich kampanii.

Na koniec należy zauważyć rozwój platform przesyłania strumieniowego, takich jak Spotify i Netflix, które otworzyły nowe możliwości dla reklam audio i wideo. Platformy te oferują unikalne doświadczenia reklamowe, często płynnie zintegrowane z treścią, co może zwiększyć zaangażowanie i wrażliwość odbiorców.

Ogólnie rzecz biorąc, krajobraz platform reklamowych w 2024 r. to bogaty i zróżnicowany ekosystem zapewniający reklamodawcom wiele możliwości dotarcia do docelowych odbiorców. Kluczem do sukcesu jest zrozumienie mocnych stron każdej platformy i zintegrowanie tych narzędzi w spójną, dobrze ukierunkowaną strategię reklamową.

1.2.2. Reklama w wyszukiwarkach

Reklama w wyszukiwarkach, główny element marketingu cyfrowego w 2024 r., nadal odgrywa kluczową rolę w strategii każdej firmy pragnącej zwiększyć swoją widoczność w Internecie. Ta forma reklamy, często zdominowana przez Google Ads, stała się bardziej wyrafinowana i zintegrowana, odzwierciedlając postęp technologiczny i zmiany w zachowaniach użytkowników.

U podstaw reklamy w wyszukiwarkach leży koncepcja „pay-per-click" (PPC), w ramach której reklamodawcy płacą za każde kliknięcie ich reklamy. Model ten jest niezwykle skuteczny, ponieważ pozwala dotrzeć do użytkowników, którzy aktywnie poszukują konkretnych produktów lub usług. W 2024 r. możliwości targetowania stały się bardziej precyzyjne, umożliwiając reklamodawcom kierowanie reklam do odbiorców na podstawie takich kryteriów, jak lokalizacja, zainteresowania, nawyki związane z wyszukiwaniem, a nawet zachowania zakupowe.

Google Ads, najpopularniejsza platforma reklamowa w wyszukiwarkach, oferuje różnorodne formaty reklam, w tym tradycyjne reklamy tekstowe, reklamy displayowe i reklamy wideo. Reklamy te pojawiają się nie tylko w wynikach wyszukiwania Google, ale także na innych stronach partnerskich w sieci reklamowej Google. Ta różnorodność formatów pozwala reklamodawcom wybrać najlepszy sposób przekazania swojego przekazu i zaangażowania docelowych odbiorców.

Optymalizacja kampanii reklamowych w wyszukiwarkach stała się bardziej złożona i w większym stopniu oparta na danych. Reklamodawcy korzystają z zaawansowanych narzędzi analitycznych i śledzących, aby mierzyć skuteczność swoich kampanii, dostosowywać stawki w czasie rzeczywistym oraz optymalizować słowa kluczowe i przekazy reklamowe. Sztuczna inteligencja odgrywa coraz większą rolę w tej optymalizacji, pomagając przewidywać zachowania użytkowników i automatyzować dostosowywanie kampanii w celu maksymalizacji ROI.

Dodatkowo reklama w wyszukiwarkach w 2024 roku nie ogranicza się już wyłącznie do sprzedaży bezpośredniej. Służy także do budowania świadomości marki, edukowania konsumentów, a nawet wpływania na decyzje zakupowe na wczesnym etapie podróży klienta. Reklamodawcy często łączą reklamę w wyszukiwarkach z innymi formami marketingu cyfrowego, takimi jak SEO i marketing treści, aby stworzyć kompleksową i spójną strategię marketingu online.

Podsumowując, reklama w wyszukiwarkach w 2024 roku jest potężnym i niezbędnym narzędziem dla firm każdej wielkości. Zapewnia natychmiastową widoczność, precyzyjne targetowanie i wysokie możliwości konwersji, a jednocześnie płynnie integruje się z szerszą strategią marketingu cyfrowego. Dla firm, które chcą wyróżnić się na zatłoczonym rynku, opanowanie reklamy w wyszukiwarkach jest nie tylko korzystne, ale wręcz niezbędne.

1.2.3. Reklama w mediach społecznościowych

Reklama w sieciach społecznościowych w 2024 roku stała się niezbędnym elementem każdej strategii marketingu cyfrowego. Ponieważ platformy społecznościowe stale ewoluują i zwiększają swój wpływ, marki mają do dyspozycji potężne narzędzie umożliwiające dotarcie do docelowych odbiorców i zaangażowanie ich w bezpośredni i osobisty sposób.

Każda sieć społecznościowa ma swoją specyfikę i zalety w zakresie reklamy. Na przykład Facebook pozostaje preferowaną platformą do docierania do dużej i zróżnicowanej grupy odbiorców dzięki szczegółowym opcjom targetowania obejmującym kryteria demograficzne, behawioralne, a nawet psychograficzne. Instagram, skupiający się na grafice, jest idealny dla marek, które chcą tworzyć atrakcyjne estetycznie i angażujące kampanie reklamowe, które są szczególnie skuteczne w docieraniu do młodszych odbiorców.

TikTok, który stał się gigantem mediów społecznościowych, oferuje unikalną platformę dla kreatywnych i wirusowych kampanii, zwłaszcza wśród pokolenia Z. Jego dynamiczny i zorientowany na krótkie treści wideo charakter sprawia, że jest to podatny grunt dla innowacyjnych i wciągających kampanii reklamowych. Tymczasem LinkedIn nadal dominuje w branży reklamowej B2B, zapewniając bezpośredni dostęp do specjalistów i decydentów z różnych branż.

Jednym z najbardziej atrakcyjnych aspektów reklamy w mediach społecznościowych jest możliwość bezpośredniego nawiązania kontaktu z konsumentami. Marki mogą nie tylko transmitować swój przekaz, ale także wchodzić w interakcję z odbiorcami, otrzymywać informacje zwrotne w czasie rzeczywistym i budować społeczność wokół swoich produktów lub usług. Ta dwustronna interakcja tworzy silniejszą więź między markami a ich klientami, zwiększając lojalność i zaufanie.

Dodatkowo reklama w mediach społecznościowych pozwala na szczegółowy pomiar i analizę skuteczności kampanii. Reklamodawcy mogą śledzić różne wskaźniki, takie jak wyświetlenia, kliknięcia, współczynniki zaangażowania i konwersje, co pozwala im dostosowywać strategie w czasie rzeczywistym w celu optymalizacji wyników. Platformy oferują również zaawansowane narzędzia do testowania różnych formatów reklam i przekazów, aby określić, co najlepiej przemawia do ich odbiorców.

W 2024 roku trendem będzie także integracja reklamy w mediach społecznościowych z innymi kanałami marketingu cyfrowego. Marki często łączą kampanie w mediach społecznościowych z SEO, marketingiem emailowym i innymi formami reklamy online, aby stworzyć dla konsumentów spójne doświadczenie wielokanałowe.

Podsumowując, reklama w mediach społecznościowych w 2024 roku to dynamiczne i wszechstronne narzędzie, niezbędne dla marek chcących zwiększyć swoją widoczność, zaangażować odbiorców i generować konwersje. Dzięki precyzyjnym możliwościom targetowania, różnorodnym opcjom formatów i możliwościom bezpośredniej interakcji z konsumentami stanowi kluczowy element każdej udanej strategii marketingu cyfrowego.

1.2.4. Trendy i innowacje

Rok 2024 branżę reklamy online wyznaczają trendy i innowacje, które na nowo definiują sposób interakcji marek z odbiorcami. Zmiany te wynikają z postępu technologicznego, zmian w zachowaniach konsumentów oraz potrzeby większej personalizacji i efektywności kampanii reklamowych.

Jednym z najbardziej znaczących trendów jest zwiększone wykorzystanie sztucznej inteligencji i uczenia maszynowego. Technologie te umożliwiają dalszą personalizację kampanii reklamowych, analizując duże ilości danych w celu zrozumienia preferencji i zachowań konsumentów. Umożliwia to reklamodawcom tworzenie przekazów reklamowych, które trafiają do każdego segmentu odbiorców, zwiększając skuteczność kampanii i poprawiając wygodę użytkowników.

Rzeczywistość rozszerzona (AR) i rzeczywistość wirtualna (VR) również zmieniają reklamę online. Technologie te oferują wciągające i interaktywne doświadczenia, pozwalając markom wyróżnić się i stworzyć silną więź emocjonalną z konsumentami. Na przykład marka modowa może wykorzystać rzeczywistość rozszerzoną, aby umożliwić klientom wirtualne przymierzanie ubrań, natomiast firma turystyczna może wykorzystać rzeczywistość wirtualną do oferowania wirtualnych wycieczek po odległych miejscach.

Coraz większą popularnością cieszy się także marketing konwersacyjny, dzięki chatbotom i wirtualnym asystentom. Narzędzia te umożliwiają interakcję z konsumentami w czasie rzeczywistym, zapewniając spersonalizowaną obsługę klienta i poprawiając zaangażowanie. Chatboty mogą odpowiadać na pytania, polecać produkty, a nawet przetwarzać transakcje, tworząc płynne i interaktywne zakupy.

Co więcej, rozwój reklamy programmatic w dalszym ciągu zmienia krajobraz reklamy. Podejście to wykorzystuje algorytmy do automatycznego zakupu powierzchni reklamowej, docierając do określonych odbiorców w optymalnym czasie. Pozwala to na większą efektywność i lepszy zwrot z inwestycji, ponieważ reklamy z większym prawdopodobieństwem dotrą do osób zainteresowanych oferowanym produktem lub usługą.

Wreszcie etyka i przejrzystość stają się kluczowymi elementami reklamy internetowej. Wraz ze wzrostem świadomości kwestii prywatności i wykorzystania danych osobowych marki starają się zachować większą przejrzystość w swoich praktykach reklamowych. Obejmuje to przestrzeganie przepisów o ochronie danych, takich jak RODO, oraz jasne komunikowanie się na temat wykorzystania danych konsumentów.

Te trendy i innowacje pokazują, że reklama online w 2024 roku nie będzie polegać tylko na sprzedaży produktów czy usług, ale także na tworzeniu unikalnych, spersonalizowanych i etycznych doświadczeń dla konsumentów. Marki, które wykorzystują te nowe technologie i podejścia, są lepiej przygotowane do nawiązania kontaktu z odbiorcami w znaczący i trwały sposób.

1.3 Sieci społecznościowe

1.3.1. Dominujące platformy w 2024 roku

W 2024 r. krajobraz mediów społecznościowych jest zdominowany przez wiele platform, z których każda ewoluowała, aby sprostać zmieniającym się potrzebom użytkowników i reklamodawców. Platformy te wyróżniają się unikalnymi funkcjami, docelowymi odbiorcami i zdolnością do angażowania użytkowników w innowacyjny i znaczący sposób.

Facebook nadal króluje jako gigant mediów społecznościowych, z ogromną i zróżnicowaną bazą użytkowników. Jej siła leży w zdolności łączenia ludzi w każdym wieku i o różnym pochodzeniu, zapewniając markom szeroki i zróżnicowany zasięg. Facebook zintegrował także zaawansowane funkcje rzeczywistości rozszerzonej i handlu elektronicznego, dzięki czemu platforma jest bardziej wciągająca i interaktywna dla użytkowników oraz atrakcyjniejsza dla reklamodawców.

Instagram, skupiający się na treściach wizualnych, pozostaje platformą wybieraną przez marki zorientowane na estetykę, takie jak moda, uroda i styl życia. W 2024 roku Instagram wzmocnił swój interfejs o funkcje rzeczywistości rozszerzonej i zintegrowane opcje zakupów, umożliwiając użytkownikom interakcję z markami w bardziej dynamiczny i bezpośredni sposób.

TikTok, który w ostatnich latach odnotował błyskawiczny rozwój, nadal przyciąga młodych i zaangażowanych odbiorców. Formuła krótkich, kreatywnych i często wirusowych treści stanowi podatny grunt dla innowacyjnych i interaktywnych kampanii reklamowych. TikTok stał się koniecznością dla marek, które chcą dotrzeć do pokolenia Z i skorzystać z aktualnych trendów kulturowych.

LinkedIn pozostaje dominującą platformą profesjonalnego networkingu i marketingu B2B. W 2024 r. LinkedIn rozszerzył swoje możliwości targetowania i treści, umożliwiając firmom bardziej precyzyjne i skuteczne łączenie się z profesjonalistami i decydentami. Platforma jest szczególnie ceniona za rozwijanie relacji zawodowych i tworzenie treści o przemyślanym przywództwie.

Wreszcie, nowe, powstające platformy, obsługujące określone nisze lub wprowadzające nowe sposoby łączenia się online, zaczynają zyskiwać na popularności. Platformy te zapewniają markom wyjątkowe możliwości nawiązywania kontaktu z określonymi odbiorcami i odkrywania nowych form treści i zaangażowania.

Podsumowując, dominujące platformy w 2024 roku oferują różnorodność kanałów i podejść do marketingu w mediach społecznościowych. Każda platforma ma unikalne cechy, które marki mogą wykorzystać do osiągnięcia swoich celów marketingowych, czy to w celu zwiększenia świadomości marki, nawiązania kontaktu z określonymi odbiorcami, czy też generowania sprzedaży bezpośredniej. Kluczem do sukcesu jest zrozumienie mocnych stron każdej platformy i dostosowanie strategii tak, aby zmaksymalizować wpływ na docelowych odbiorców.

1.3.2. Strategie dotyczące treści i zaangażowania

W 2024 r. strategie dotyczące treści i zaangażowania w mediach społecznościowych stały się bardziej wyrafinowane i skoncentrowane na użytkowniku, odzwierciedlając stale zmieniające się oczekiwania i zachowania odbiorców online. Marki, które odniosą sukces w tej przestrzeni, to te, które rozumieją znaczenie tworzenia znaczących i angażujących treści, dostosowanych do specyfiki każdej platformy i docelowej grupy odbiorców.

Skuteczna strategia dotycząca treści zaczyna się od głębokiego zrozumienia odbiorców. Marki muszą wiedzieć, kim są ich obserwujący, na czym im zależy i jak wchodzą w interakcję z treściami na różnych platformach. To zrozumienie pozwala tworzyć treści, które rezonują z odbiorcami, niezależnie od tego, czy są to posty informacyjne, rozrywkowe czy inspirujące. W 2024 r. powszechne będzie wykorzystanie analityki danych i sztucznej inteligencji do zrozumienia preferencji i zachowań użytkowników, co umożliwi większą personalizację i trafność treści.

Opowiadanie historii to kolejny kluczowy element strategii dotyczących treści. Wciągające, dobrze opowiedziane historie mogą stworzyć silną więź emocjonalną z odbiorcami, zwiększając zaangażowanie i lojalność wobec marki. Marki wykorzystują historie, aby dzielić się swoimi wartościami, misją i sukcesami, przekształcając swoje treści w wciągające i zapadające w pamięć doświadczenia dla użytkowników.

Zaangażowanie jest tak samo ważne, jak sama treść. Marki powinny być aktywne i responsywne w mediach społecznościowych, odpowiadać na komentarze, brać udział w rozmowach i zachęcać użytkowników do interakcji z ich treściami. Konkursy, ankiety i pytania otwarte to skuteczne sposoby zachęcania do interakcji i tworzenia społeczności wokół marki.

W 2024 r. wideo nadal będzie dominującym formatem treści, przy czym preferowane będą krótkie, angażujące i łatwe do wykorzystania filmy. Platformy takie jak TikTok i Instagram Reels zapewniają idealne możliwości dla kreatywnych filmów, które mogą stać się wirusowe. Marki wykorzystują także wideo na żywo podczas wydarzeń, premier produktów lub sesji pytań i odpowiedzi, zapewniając bardziej autentyczne i osobiste doświadczenia.

Wreszcie istotne jest dostosowanie treści do specyfiki każdej platformy. To, co działa na Instagramie, może nie działać na LinkedIn lub TikTok. Marki muszą zatem dostosować swój przekaz, ton i format w zależności od platformy i odbiorców. Na przykład treści bardziej formalne i skupiające się na przywództwie myślowym mogą być odpowiednie dla LinkedIn, podczas gdy treści bardziej wizualne i rozrywkowe będą lepiej pasować na Instagram lub TikTok.

Podsumowując, strategie dotyczące treści i zaangażowania w 2024 r. wymagają holistycznego podejścia, które łączy zrozumienie odbiorców, opowiadanie historii, aktywną interakcję, wykorzystanie różnych formatów treści i dostosowanie do różnych platform. Marki, które przyjmują te strategie, są lepiej przygotowane do tworzenia znaczących relacji ze swoimi odbiorcami, wzmacniania swojej obecności w Internecie i osiągania celów marketingowych w mediach społecznościowych.

1.3.3. Reklama i monetyzacja

W 2024 r. reklama i monetyzacja w mediach społecznościowych osiągnęły nowy poziom innowacyjności i efektywności, zapewniając markom i twórcom treści niespotykane wcześniej możliwości generowania przychodów. Ewolucja ta jest wynikiem lepszego zrozumienia zachowań użytkowników, integracji zaawansowanych technologii oraz tworzenia bardziej interaktywnych i spersonalizowanych formatów reklamowych.

Reklama w mediach społecznościowych stała się bardziej wyrafinowana, oferuje precyzyjne opcje targetowania i różnorodne formaty reklam. Platformy takie jak Facebook, Instagram i TikTok oferują narzędzia do targetowania w oparciu o dane demograficzne, zainteresowania, zachowania zakupowe, a nawet wcześniejsze interakcje z marką. Ta precyzja pozwala reklamodawcom docierać do odbiorców, którzy są najprawdopodobniej zainteresowani ich produktami lub usługami, zwiększając współczynniki konwersji i ROI.

Ewoluowały także formaty reklam, wykraczające poza tradycyjne reklamy i obejmujące wciągające doświadczenia, takie jak rzeczywistość rozszerzona, interaktywne filmy i sklepy w aplikacjach. Na przykład reklamy rzeczywistości rozszerzonej na Instagramie umożliwiają użytkownikom wirtualne przymierzanie produktów, takich jak okulary czy makijaż, co zapewnia wciągające i przyjemne doświadczenie zakupowe. Podobnie interaktywne filmy na TikToku zachęcają użytkowników do udziału w wyzwaniach lub interakcji z treścią w kreatywny sposób, zwiększając zaangażowanie i widoczność marki.

Monetyzacja twórców treści w mediach społecznościowych również nabrała tempa. Platformy takie jak YouTube i Twitch udoskonaliły swoje systemy podziału przychodów z reklam, dając twórcom znaczną część przychodów generowanych przez ich filmy. Dodatkowo funkcje takie jak Superczaty w YouTube i Bits na Twitchu pozwalają fanom wspierać finansowo swoich ulubionych twórców bezpośrednio podczas transmisji na żywo.

Partnerstwa i współpraca marek to kolejne

ważne źródło dochodów twórców. Współpracując bezpośrednio z markami w celu tworzenia sponsorowanych treści, influencerzy mogą generować przychody, zapewniając jednocześnie swoim obserwującym odpowiednie i autentyczne treści. Partnerstwa te stały się bardziej przejrzyste i uregulowane, zapewniając jasne ujawnianie sponsorowanych współpracy w celu utrzymania zaufania i autentyczności.

Wreszcie platformy mediów społecznościowych wprowadziły nowe funkcje e-commerce, umożliwiające markom i twórcom bezpośrednią sprzedaż swoich produktów za pośrednictwem profili i postów. Te zintegrowane funkcje zakupowe przekształcają sieci społecznościowe w kompleksowe kanały sprzedaży, zapewniając użytkownikom płynne i zintegrowane doświadczenia zakupowe.

Podsumowując, reklama i monetyzacja w mediach społecznościowych w 2024 r. reprezentuje dynamiczny i stale rozwijający się ekosystem, oferujący wiele możliwości markom i twórcom treści. Dzięki innowacyjnym strategiom reklamowym, różnorodnym opcjom monetyzacji i zwiększonej integracji handlu elektronicznego media społecznościowe stały się potężną platformą rozwoju biznesu i generowania przychodów.

1.3.4. Analiza i pomiar wydajności

Analiza i pomiar wydajności w sieciach społecznościowych w 2024 roku stały się niezbędnymi elementami każdej strategii marketingu cyfrowego. Ponieważ platformy i zachowania użytkowników stale ewoluują, zrozumienie wpływu i skuteczności działań podejmowanych w tych kanałach ma kluczowe znaczenie dla marek i firm. To dogłębne zrozumienie pozwala na dostosowywanie strategii w czasie rzeczywistym, optymalizację zasobów i efektywniejsze osiąganie celów.

Platformy mediów społecznościowych oferują szeroką gamę wbudowanych narzędzi analitycznych, które umożliwiają markom śledzenie różnych kluczowych wskaźników. Wskaźniki te obejmują między innymi liczbę polubień, udostępnień, komentarzy, zasięg postów, współczynnik zaangażowania i liczbę kliknięć linków. Dane te dostarczają cennych informacji na temat tego, jak treść jest odbierana przez odbiorców, jaki rodzaj treści sprawdza się najlepiej i kiedy jest najlepszy czas na publikację.

W 2024 roku analityka mediów społecznościowych wzbogaci się o integrację sztucznej inteligencji i uczenia maszynowego. Technologie te umożliwiają głębszą analizę trendów, nastrojów użytkowników i zachowań w zakresie interakcji. Na przykład analiza nastrojów może ujawnić, jak użytkownicy postrzegają markę lub produkt, badając ton i kontekst komentarzy i wzmianek w mediach społecznościowych.

Marki korzystają również z narzędzi analitycznych innych firm, aby uzyskać bardziej szczegółowe informacje i połączyć dane z różnych źródeł. Narzędzia te oferują zaawansowane funkcje, takie jak śledzenie konwersji, analiza podróży użytkownika i segmentacja odbiorców. Łącząc dane z mediów społecznościowych z innymi źródłami danych, takimi jak dane o ruchu w witrynie lub sprzedaży, marki mogą uzyskać całościowy obraz skuteczności swoich działań marketingowych.

Analiza wydajności mediów społecznościowych jest również niezbędna dla ROI (zwrotu z inwestycji) i podejmowania decyzji. Mierząc skuteczność kampanii reklamowych, inicjatyw dotyczących treści i strategii zaangażowania, firmy mogą określić, które podejścia zapewniają najlepszy zwrot z inwestycji, i odpowiednio dostosować swoje budżety i zasoby.

Wreszcie analiza i pomiar wyników to nie tylko ćwiczenia przeprowadzane po kampanii, ale ciągłe procesy. Marki muszą stale monitorować swoje działania w mediach społecznościowych, aby szybko wykrywać pojawiające się trendy, reagować na zmiany w zachowaniach użytkowników i dostosowywać swoje strategie w czasie rzeczywistym, aby zachować aktualność i skuteczność.

Podsumowując, analiza i pomiar wydajności w sieciach społecznościowych w 2024 roku to kluczowe elementy zrozumienia wpływu działań marketingowych, optymalizacji strategii i zagwarantowania maksymalnego zwrotu z inwestycji. Wraz z pojawieniem się zaawansowanych technologii i integracją różnorodnych danych marki dysponują obecnie potężnymi narzędziami do pomiaru, analizowania i ciągłego ulepszania swojej obecności w sieciach społecznościowych.

ROZDZIAŁ 2: STRATEGIE DOTYCZĄCE TREŚCI

„Twój najbardziej niezadowolony klient jest Twoim najlepszym źródłem wiedzy".
Billa Gatesa

2.1 Marketing treści

2.1.1 Tworzenie wysokiej jakości treści

W obszarze content marketingu w 2024 roku tworzenie wysokiej jakości treści stało się bardziej niż kiedykolwiek kamieniem węgielnym strategii komunikacyjnych marek. Biorąc pod uwagę stale zmieniające się oczekiwania konsumentów i nasycenie rynków, tworzenie treści wyróżniających się jakością, oryginalnością i trafnością jest niezbędne, aby przyciągnąć uwagę i zaangażować odbiorców.

Jakość treści jest definiowana przez kilka kluczowych kryteriów. Przede wszystkim liczy się autentyczność i oryginalność. Konsumenci stale poszukują treści, które dają świeże spojrzenie, są uczciwe i odzwierciedlają wartości marki. Oznacza to odejście od ogólnych komunikatów i tworzenie treści opowiadających historię, dzielących się doświadczeniami lub oferujących unikalne spostrzeżenia.

Następnie kluczowa jest trafność treści. Oznacza to zrozumienie potrzeb, zainteresowań i wyzwań docelowych odbiorców oraz tworzenie treści, które im odpowiadają. W 2024 r. wykorzystywanie danych i analiz do zrozumienia preferencji odbiorców będzie na porządku dziennym, co umożliwi markom personalizację przekazu i zapewnienie, że ich treści będą nie tylko interesujące, ale także przydatne dla odbiorców.

Jakość treści wymaga również doskonałego wykonania. Obejmuje to nie tylko nienaganny tekst, ale także wykorzystanie atrakcyjnej oprawy wizualnej, angażujących filmów i innych elementów multimedialnych. Wraz z ewolucją technologii i platform marki mają do dyspozycji wiele formatów, dzięki którym mogą prezentować swoje treści w kreatywny i urzekający sposób.

Ponadto jakość treści jest ściśle powiązana z jej zdolnością do angażowania i napędzania działania. Wysokiej jakości treści powinny nie tylko informować i bawić, ale także zachęcać użytkowników do interakcji z marką, czy to poprzez komentarze, udostępnienia, rejestracje czy zakupy. Wymaga to jasnego zrozumienia celów marki i strategicznego zintegrowania wezwań do działania z treścią.

Wreszcie jakość treści jest procesem ciągłym i ewoluującym. Marki muszą chcieć dostosowywać się, eksperymentować i wprowadzać innowacje w zakresie treści, aby pozostać istotnymi w stale zmieniającym się krajobrazie medialnym. Obejmuje to śledzenie trendów, zbieranie opinii odbiorców i odpowiednie dostosowywanie strategii dotyczących treści.

Podsumowując, tworzenie wysokiej jakości treści w 2024 r. to złożone połączenie autentyczności, trafności, doskonałości wykonania, zaangażowania i zdolności adaptacyjnych. Marki, które odniosą sukces w tym podejściu, to te, które rozumieją i szanują swoich odbiorców, a jednocześnie są kreatywne i innowacyjne w sposobie komunikowania swojego przesłania.

2.1.2 Strategie dystrybucji

W 2024 roku strategie dystrybucji treści stały się kluczowym aspektem content marketingu, wymagającym starannego planowania i strategicznej realizacji. Przy obfitości treści dostępnych w Internecie nie wystarczy już tworzenie treści wysokiej jakości; istotne jest także zapewnienie skutecznego dotarcia do odbiorców docelowych. Dystrybucja treści wymaga dokładnego zrozumienia różnych dostępnych kanałów i sposobów ich wykorzystania w celu maksymalizacji zasięgu i wpływu treści.

Jednym z kluczy do skutecznej strategii dystrybucji jest dywersyfikacja kanałów. Dotyczy to nie tylko tradycyjnych sieci społecznościowych, takich jak Facebook, Instagram i Twitter, ale także nowych platform, blogów, biuletynów e-mailowych, a nawet podcastów. Każdy kanał ma swoje mocne strony i przyciąga różne segmenty odbiorców. Na przykład media społecznościowe świetnie nadają się do docierania do szerokiego grona odbiorców i zachęcania do zaangażowania, podczas gdy biuletyny e-mailowe świetnie nadają się do dostarczania bardziej szczegółowych treści już zainteresowanym odbiorcom.

Niezbędna jest także personalizacja dystrybucji. Oznacza to dostosowanie treści i jej formatu w zależności od kanału dystrybucji. Na przykład długie, szczegółowe treści mogą lepiej pasować do bloga lub biuletynu, podczas gdy skrócona, atrakcyjna wizualnie wersja może być bardziej skuteczna w mediach społecznościowych. Takie podejście gwarantuje, że treść będzie nie tylko widoczna, ale także angażująca odbiorców na każdej platformie.

Kolejną ważną strategią jest wykorzystanie narzędzi do automatyzacji marketingu i analityki w celu optymalizacji dystrybucji. Narzędzia te pozwalają planować publikację treści, docierać do konkretnych odbiorców i monitorować skuteczność w czasie rzeczywistym. Analiza danych dotyczących wydajności pomaga zrozumieć, jaki rodzaj treści sprawdza się najlepiej w jakim kanale, kiedy publikować, aby zmaksymalizować widoczność, oraz jak dostosować strategie dystrybucji, aby zwiększyć zaangażowanie i zasięg.

Współpraca z wpływowymi osobami i innymi markami może być również skutecznym sposobem dystrybucji treści. Partnerstwa te pomagają dotrzeć do nowych odbiorców i zwiększają wiarygodność treści. Współpracując z wpływowymi osobami lub markami wyznającymi podobne wartości, firmy mogą organicznie i autentycznie poszerzać swój zasięg.

Wreszcie, ważne jest, aby nie zaniedbywać znaczenia SEO w dystrybucji treści. Optymalizacja treści pod kątem wyszukiwarek zapewnia długoterminową widoczność i może prowadzić do stałego ruchu organicznego. Wiąże się to z użyciem odpowiednich słów kluczowych, budowaniem linków wewnętrznych i zewnętrznych oraz zapewnieniem, że treść będzie łatwo dostępna i indeksowana przez wyszukiwarki.

Podsumowując, strategie dystrybucji treści w 2024 roku wymagają podejścia wielokanałowego, spersonalizowanego i opartego na danych.

Rozumiejąc mocne strony każdego kanału, dopasowując treści do konkretnych potrzeb odbiorców i wykorzystując narzędzia analityczne do optymalizacji dystrybucji, marki mogą zapewnić, że ich wysokiej jakości treści skutecznie dotrą i zaangażują docelowych odbiorców.

2 1.3 Marketing treści i SEO

W roku 2024 wzajemne powiązania pomiędzy content marketingiem a SEO są bardziej wyraźne i strategiczne niż kiedykolwiek. Ta synergia ma kluczowe znaczenie dla sukcesu marek w Internecie, ponieważ łączy sztukę tworzenia angażujących, trafnych treści z nauką o optymalizacji pod kątem wyszukiwarek. To połączenie nie tylko pomaga przyciągnąć uwagę docelowych odbiorców, ale także gwarantuje, że treść będzie łatwa do znalezienia i będzie dobrze pozycjonowana w wynikach wyszukiwania.

Marketing treści koncentruje się na tworzeniu materiałów zapewniających wartość dla użytkowników w formie informacji, rozrywki lub edukacji. Celem jest tworzenie treści, które rezonują z odbiorcami, budują wiarygodność marki i zachęcają do zaangażowania. Jednak niezależnie od tego, jak dobra jest treść, jeśli nie zostanie zoptymalizowana pod kątem wyszukiwarek, może nie dotrzeć do potencjalnych odbiorców. Tutaj w grę wchodzi SEO.

SEO, czyli optymalizacja wyszukiwarek, polega

na dostosowywaniu różnych elementów treści, tak aby była lepiej rozumiana i preferowana przez wyszukiwarki takie jak Google. Obejmuje to strategiczne wykorzystanie odpowiednich słów kluczowych, tworzenie linków wewnętrznych i zewnętrznych, optymalizację metatagów i obrazów oraz zapewnienie struktury treści umożliwiającej łatwe indeksowanie. Kiedy content marketing i SEO są ze sobą spójne, treść nie tylko przyciąga uwagę czytelników, ale także jest dobrze pozycjonowana w wynikach wyszukiwania, zwiększając jej widoczność i dostępność.

Skuteczna strategia harmonijnie łączy te dwa elementy. Na przykład podczas tworzenia treści ważne jest przeprowadzenie badania słów kluczowych, aby zrozumieć terminy i pytania, których używają docelowi odbiorcy, szukając informacji w Internecie. Te słowa kluczowe można następnie w naturalny sposób zintegrować z treścią, zapewniając, że nie tylko spełnia ona potrzeby użytkowników, ale jest również zoptymalizowana pod kątem wyszukiwarek.

Dodatkowo tworzenie wysokiej jakości treści, które przyciągają naturalne linki zwrotne, to kolejny punkt zbieżny pomiędzy content marketingiem a SEO. Linki zwrotne, czyli linki przychodzące z innych witryn, są kluczowym wskaźnikiem jakości witryny i jej przydatności dla wyszukiwarek. Angażujące i pouczające treści są częściej udostępniane i odwoływane przez inne witryny, co poprawia profil linków zwrotnych witryny, a tym samym jej pozycję w wynikach wyszukiwania.

Wreszcie, istotne jest śledzenie i analizowanie wydajności treści, aby zrozumieć, jak radzi sobie ona zarówno z perspektywy content marketingu, jak i SEO. Obejmuje to monitorowanie wskaźników, takich jak ruch w witrynie, czas spędzony na stronie, współczynniki odrzuceń, a także rankingi słów kluczowych i współczynniki klikalności (CTR) w wynikach wyszukiwania. Dane te mogą dostarczyć cennych informacji pozwalających udoskonalić i ulepszyć przyszłe strategie.

Podsumowując, w roku 2024 content marketing i SEO nie będą izolowanymi strategiami, ale współzależnymi elementami ogólnej strategii marketingu cyfrowego. Pomyślne połączenie tych dwóch elementów jest niezbędne do stworzenia treści, które nie tylko angażują i informują użytkowników, ale są również widoczne i zajmują wysoką pozycję w wynikach wyszukiwania, maksymalizując zasięg i wpływ treści online.

2.1.4 Pomiar efektywności

Pomiar efektywności content marketingu w 2024 roku to złożony i wielowymiarowy proces, niezbędny do oceny wpływu strategii content marketingowych i ukierunkowania przyszłych decyzji marketingowych. Wraz z ewolucją technologii i zachowań konsumentów marki dysponują bogactwem danych i narzędzi do analizowania wydajności swoich treści. Jednak sensowna interpretacja tych danych ma kluczowe znaczenie dla uzyskania praktycznych spostrzeżeń i optymalizacji strategii dotyczących treści.

Jednym z pierwszych kroków pomiaru efektywności jest wyznaczenie jasnych, mierzalnych celów. Cele te mogą się różnić w zależności od potrzeb marki i mogą obejmować zwiększenie ruchu w witrynie, poprawę zaangażowania w mediach społecznościowych, generowanie leadów lub zwiększenie sprzedaży. Po zdefiniowaniu celów ważne jest, aby wybrać odpowiednie kluczowe wskaźniki wydajności (KPI), które będą mierzyć osiągnięcie tych celów. Na przykład, jeśli celem jest zwiększenie zaangażowania, KPI mogą obejmować liczbę udostępnień, komentarzy i polubień.

Analiza ruchu internetowego jest kluczowym aspektem pomiaru efektywności. Narzędzia analityki internetowej, takie jak Google Analytics, dostarczają szczegółowych danych na temat liczby odwiedzających, czasu trwania sesji, współczynników odrzuceń i podróży użytkowników po witrynie. Dane te pomagają zrozumieć, w jaki sposób użytkownicy wchodzą w interakcję z treścią oraz jakie treści przyciągają i zatrzymują uwagę odwiedzających.

Zaangażowanie w media społecznościowe to kolejny ważny wskaźnik efektywności treści. Platformy mediów społecznościowych oferują własne narzędzia analityczne umożliwiające śledzenie zaangażowania użytkowników w treści, w tym polubień, udostępnień, komentarzy i wyświetleń. Te wskaźniki pomagają ocenić, jak dobrze treść rezonuje z odbiorcami i jak dobrze zachęca do interakcji.

Generowanie leadów i konwersje to także istotne mierniki efektywności, szczególnie w przypadku marek nastawionych na wyniki biznesowe. Obejmuje to śledzenie, w jaki sposób treść przyczynia się do przekształcania odwiedzających w potencjalnych klientów lub klientów. Korzystanie z formularzy pozyskiwania potencjalnych klientów, konkretnych stron docelowych i śledzenie konwersji to skuteczne metody pomiaru tego aspektu.

Na koniec ważne jest przeprowadzenie jakościowej analizy treści. Obejmuje to zbieranie opinii użytkowników, analizowanie komentarzy i ocenę postrzegania marki. Te jakościowe spostrzeżenia mogą uzupełniać dane ilościowe i zapewniać głębsze zrozumienie wpływu treści.

Podsumowując, pomiar efektywności content marketingu w roku 2024 wymaga podejścia holistycznego, łączącego analizę ilościową i jakościową. Wyznaczając jasne cele, wybierając odpowiednie KPI oraz korzystając z różnorodnych narzędzi i metod analizy wydajności, marki mogą zyskać głębokie zrozumienie skuteczności swoich treści i zoptymalizować je, aby osiągnąć swoje cele.marketing.

2.2 Opowiadanie historii i marka osobista

2.2.1 Sztuka opowiadania historii

W 2024 roku sztuka opowiadania historii stanie się centralnym elementem personal brandingu i content marketingu. Storytelling, czyli sztuka opowiadania historii, to potężna technika, która pozwala markom i jednostkom nawiązywać emocjonalny kontakt z odbiorcami, przekazywać wiadomości w zapadający w pamięć sposób i wyróżniać się w nasyconym krajobrazie medialnym.

Skuteczne opowiadanie historii polega na tworzeniu narracji, która rezonuje z odbiorcami. Wiąże się to z tkaniem historii wokół wartości, doświadczeń i emocji, które mają znaczenie dla docelowej publiczności. Dobra historia powinna mieć porywający początek, wciągający rozwój i satysfakcjonujące zakończenie. Musi być autentyczny, kreatywny i przede wszystkim odzwierciedlać prawdę i wartości marki lub osoby. W kontekście marki osobistej opowiadanie historii ma szczególną siłę. Umożliwia poszczególnym osobom dzielenie się swoimi podróżami, wyzwaniami, sukcesami i lekcjami w sposób, który inspiruje, edukuje i głęboko łączy się z odbiorcami. Niezależnie od tego, czy jest to przedsiębiorca dzielący się historią o rozpoczęciu swojej działalności, artysta omawiający swoje inspiracje, czy profesjonalista wyjaśniający swoje unikalne podejście do swojej dziedziny, osobiste opowiadanie historii może zmienić sposób, w jaki inni postrzegają osobę i jej markę.

Marki wykorzystują także opowiadanie historii, aby urzeczywistnić swoją misję i wartości. Zamiast skupiać się wyłącznie na cechach lub zaletach swoich produktów lub usług, opowiadają historie ilustrujące wpływ, jaki ich marka ma na życie ludzi. Mogą to być historie zadowolonych klientów, historie związane z projektem produktu lub inicjatywy pokazujące zaangażowanie marki w sprawy społeczne lub środowiskowe.

Storytelling w content marketingu objawia się poprzez różne formaty – blogi, filmy, podcasty, sieci społecznościowe, a nawet rzeczywistość rozszerzoną i wirtualną. Każdy format oferuje unikalny sposób opowiadania historii i docierania do odbiorców. Na przykład film może uchwycić emocje wizualne i dźwiękowe, podczas gdy blog może oferować bardziej szczegółowe i przemyślane opowiadanie historii.

Wreszcie sztuka opowiadania historii w 2024 r. zostanie wzmocniona dzięki wykorzystaniu danych i analiz, aby zrozumieć, co przemawia do odbiorców. Marki i osoby prywatne mogą wykorzystywać opinie i interakcje użytkowników, aby udoskonalać swoje historie, czyniąc je bardziej trafnymi i wpływowymi.

Podsumowując, sztuka opowiadania historii jest

niezbędną umiejętnością w świecie marketingu i brandingu osobistego w 2024 roku. Pomaga tworzyć więzi emocjonalne, wzmacniać lojalność wobec marki oraz przekazywać wiadomości w mocny i zapadający w pamięć sposób. Dobrze opowiedziane historie mają moc urzekania odbiorców, wzbudzania empatii i pozostawiania trwałego wrażenia.

2.2.2 Budowanie marki osobistej

W 2024 roku budowanie marki osobistej stało się niezbędnym procesem dla profesjonalistów ze wszystkich branż. Silna marka osobista pomaga wyróżnić się na konkurencyjnym rynku, zyskać reputację dzięki specjalistycznej wiedzy oraz stworzyć możliwości kariery lub biznesu. Proces budowania marki osobistej wykracza poza zwykłą autopromocję; chodzi o zdefiniowanie i komunikowanie autentycznego i spójnego obrazu siebie.

Pierwszym krokiem w budowaniu marki osobistej jest autorefleksja. Zrozumienie własnych, unikalnych wartości, pasji, umiejętności i celów jest kluczowe. To zrozumienie pomaga określić, co wyróżnia daną osobę, co może zaoferować i jakie przesłanie chce przekazać. Chodzi o stworzenie „osobistej historii", która odzwierciedla nie tylko umiejętności zawodowe, ale także cechy osobowości, doświadczenia życiowe i motywacje.

Po ustaleniu tych fundamentów ważne jest

spójne komunikowanie tej marki osobistej w różnych kanałach. Obejmuje to profesjonalne sieci społecznościowe, takie jak LinkedIn, platformy treści, takie jak blogi lub YouTube, oraz interakcje sieciowe. Każdy punkt kontaktu z odbiorcami powinien wzmacniać markę osobistą. Na przykład w mediach społecznościowych konieczne jest udostępnianie treści odzwierciedlających wiedzę i zainteresowania danej osoby, przy jednoczesnym aktywnym angażowaniu się w społeczność w celu budowania relacji i wiarygodności.

Tworzenie treści jest kluczowym elementem budowania marki osobistej. Dzieląc się wiedzą, pomysłami i doświadczeniami za pośrednictwem artykułów, filmów, podcastów lub postów w mediach społecznościowych, jednostka może wykazać się swoją wiedzą i pasją. Treść ta powinna być wysokiej jakości, odpowiednia dla docelowej grupy odbiorców oraz wierna głosowi i stylowi danej osoby.

Networking odgrywa także kluczową rolę w budowaniu marki osobistej. Obejmuje to nawiązywanie kontaktów ze specjalistami z tej samej branży, uczestnictwo w wydarzeniach branżowych i współpracę z innymi profesjonalistami. Networking pozwala nie tylko dać się poznać, ale także uczyć się od innych, zyskać widoczność i stworzyć możliwości współpracy.

Wreszcie ważne jest, aby zachować autentyczność i utrzymać spójną obecność w Internecie.

Marka osobista powinna być prawdziwym odzwierciedleniem jednostki, a nie fasadą stworzoną po to, by robić wrażenie. Autentyczność przyciąga zaufanie i lojalność oraz pomaga budować trwałe relacje z odbiorcami.

Podsumowując, budowanie marki osobistej w 2024 roku to proces strategiczny, który obejmuje zrozumienie i komunikowanie swojej unikalnej wartości, tworzenie i udostępnianie odpowiednich treści, aktywne tworzenie sieci kontaktów i utrzymywanie spójnej autentyczności. Silna marka osobista może otworzyć drzwi, zapewnić wiarygodność i wywrzeć trwały wpływ na karierę zawodową danej osoby.

2.2.3 Przykłady sukcesu

W roku 2024 jest wiele przykładów ilustrujących niezwykły sukces budowania marki osobistej i skutecznego opowiadania historii. Te przykłady służą jako inspirujące modele dla tych, którzy chcą stworzyć własną markę osobistą lub ulepszyć swoją strategię dotyczącą treści.

Jednym z wybitnych przykładów jest przedsiębiorca technologiczny, który na swoim blogu i kanale YouTube podzielił się swoją podróżą po rozwoju swojego startupu. Dokumentując wzloty i upadki swojego doświadczenia w zakresie przedsiębiorczości, nie tylko ugruntował swoją reputację eksperta w dziedzinie technologii, ale także stworzył lojalną społeczność zwolenników i przyszłych przedsiębiorców. Jego filmy wideo, łączące praktyczne porady, wyciągnięte wnioski i osobiste spostrzeżenia, przyciągnęły szeroką publiczność, co umożliwiło mu skorzystanie z możliwości mentoringu, nawiązania partnerstwa, a nawet oferty finansowania jego projektów.

Innym przykładem jest dietetyk, który korzystał z Instagrama i bloga, aby dzielić się wskazówkami żywieniowymi, zdrowymi przepisami i informacjami o dobrym zdrowiu. Przyjmując autentyczne podejście i dzieląc się własnymi doświadczeniami związanymi z wyzwaniami zdrowotnymi, udało jej się nawiązać głęboką więź ze swoimi odbiorcami. Jego umiejętność przedstawiania złożonych informacji w przystępny i wciągający sposób zapewniła mu dużą rzeszę fanów, a także współpracę z markami zajmującymi się zdrowiem i dobrym samopoczuciem.

W dziedzinie sztuki fotograf znakomicie wykorzystuje sieci społecznościowe do wystawiania swoich prac. Dzieląc się historią stojącą za każdym zdjęciem, swoimi technikami i inspiracjami, nie tylko pokazał swój kunszt, ale także stworzył wciągającą narrację, która przyciągnęła uwagę galerii sztuki i kolekcjonerów. Jego umiejętne wykorzystanie wizualnego opowiadania historii przekształciło jego portfolio w wciągające doświadczenie, zwiększając jego widoczność i uznanie w świecie sztuki.

Trener rozwoju osobistego pokazał także, jak potężny wpływ opowiadania historii na budowanie swojej marki. Dzieląc się osobistymi doświadczeniami w pokonywaniu przeszkód i oferując praktyczne porady za pośrednictwem podcastów i seminariów online, stworzył silną markę opartą na inspiracji i wzmocnieniu. Jego osobiste i szczere podejście pomogło wielu osobom osiągnąć cele osobiste i zawodowe, jeszcze bardziej ugruntowując jego reputację jako wpływowego trenera.

Te przykłady pokazują, że sukces w budowaniu marki osobistej i opowiadaniu historii zależy nie tylko od wiedzy specjalistycznej w konkretnej dziedzinie, ale także od umiejętności autentycznej komunikacji, tworzenia więzi emocjonalnych i oferowania wglądu w wartość dla odbiorców. Niezależnie od tego, czy chodzi o media społecznościowe, blogi, filmy czy podcasty, skuteczne opowiadanie historii i dobrze zdefiniowana marka osobista mogą otworzyć drzwi do nowych możliwości i zapewnić trwałą i wpływową obecność w dowolnej dziedzinie.

2.2.4 Narzędzia i techniki

W roku 2024 dostępnych będzie wiele narzędzi i technik, które pomogą zbudować i wzmocnić markę osobistą oraz opanować sztukę opowiadania historii. Zasoby te są niezbędne do poruszania się po złożonym krajobrazie cyfrowym oraz do zapewnienia skuteczności i wpływu działań związanych z budowaniem marki i komunikacją.

Platformy mediów społecznościowych pozostają niezbędnymi narzędziami budowania marki osobistej i opowiadania historii. Każda platforma, niezależnie od tego, czy jest to LinkedIn, Instagram, Twitter czy TikTok, oferuje unikalne funkcje, które można wykorzystać do osiągnięcia określonych celów. Na przykład LinkedIn doskonale nadaje się do tworzenia profesjonalnych sieci kontaktów i udostępniania treści branżowych, podczas gdy Instagram i TikTok świetnie nadają się do wizualnego i kreatywnego opowiadania historii. Strategiczne korzystanie z tych platform obejmuje zrozumienie ich algorytmów, wykorzystanie narzędzi analitycznych do pomiaru zaangażowania i tworzenie treści dostosowanych do poszczególnych odbiorców.

Narzędzia do tworzenia treści, takie jak Canva, Adobe Creative Suite i oprogramowanie do edycji wideo, takie jak Final Cut Pro lub Adobe Premiere Pro, są niezbędne do tworzenia wysokiej jakości wizualizacji i filmów. Narzędzia te umożliwiają tworzenie atrakcyjnych projektów, infografik i wciągających filmów, które mogą poprawić wizualny efekt opowiadania historii i sprawić, że treść będzie bardziej wciągająca.

Platformy blogowe, takie jak WordPress i Medium, zapewniają przestrzeń do dzielenia się bardziej szczegółowymi historiami i artykułami. Są szczególnie przydatne do ustalania wiedzy specjalistycznej w określonej dziedzinie i dostarczania szczegółowych informacji, których nie można w pełni poznać w mediach społecznościowych.

Do tworzenia sieci kontaktów i budowania relacji cenne są narzędzia takie jak LinkedIn Sales Navigator i platformy do zarządzania relacjami z klientami (CRM). Pozwalają śledzić i analizować interakcje z kontaktami, identyfikować nowe możliwości networkingu i utrzymywać relacje zawodowe.

Dodatkowo narzędzia analityczne i śledzące, takie jak Google Analytics, Hootsuite czy Buffer, są kluczowe w mierzeniu efektywności treści i budowania marki osobistej. Narzędzia te zapewniają wgląd w ruch w sieci, zaangażowanie w mediach społecznościowych i wydajność treści, umożliwiając dostosowanie strategii w celu maksymalizacji wpływu.

Podcasty i seminaria internetowe to także skuteczne techniki opowiadania historii i budowania marki osobistej. Umożliwiają dzielenie się wiedzą, pomysłami i historiami w osobisty i wciągający sposób. W szczególności podcasty zyskały na popularności jako sposób na budowanie lojalnej publiczności i ugruntowanie obecności w określonej dziedzinie.

Podsumowując, w 2024 r. profesjonaliści będą mieli dostęp do różnorodnych narzędzi i technik umożliwiających budowanie i wzmacnianie marki osobistej oraz opowiadania historii. Efektywne wykorzystanie tych zasobów wymaga jasnego zrozumienia celów marki, znajomości różnych platform i technologii oraz umiejętności tworzenia treści, które rezonują z grupą docelową. Dzięki odpowiednim narzędziom i technikom możliwe jest stworzenie silnej marki osobistej i fascynującej historii, która może otworzyć drzwi do nowych możliwości i zapewnić wpływową obecność w dowolnej dziedzinie.

2.3 Marketing wideo

2.3.1. Znaczenie marketingu wideo

W 2024 roku marketing wideo stał się kluczowym elementem każdej strategii marketingu cyfrowego, odgrywając kluczową rolę w sposobie, w jaki marki komunikują się ze swoimi odbiorcami. Znaczenie marketingu wideo wynika z jego zdolności do przyciągania uwagi, przekazywania złożonych komunikatów w zwięzły i angażujący sposób oraz generowania głębokiego zaangażowania emocjonalnego.

Jednym z głównych powodów wzrostu znaczenia marketingu wideo jest jego zdolność do przyciągania uwagi w zatłoczonym środowisku cyfrowym. Dzięki dużej ilości treści dostępnych w Internecie filmy wideo wyróżniają się dynamiką i możliwością opowiadania historii wizualnie i dźwiękowo. Oferują bardziej wciągające wrażenia niż tradycyjne formaty treści, takie jak tekst lub obraz, dzięki czemu są szczególnie skuteczne w przyciąganiu i utrzymywaniu zainteresowania widzów.

Ponadto filmy są niezwykle wszechstronnym sposobem przekazywania informacji. Można je wykorzystywać do różnych celów, od promocji produktów lub usług po edukację konsumentów, budowanie marki i zaangażowanie społeczności. Filmy pomagają przedstawić złożone koncepcje w prosty i zrozumiały sposób, dzięki czemu idealnie nadają się do wyjaśniania produktów technicznych, demonstrowania procedur lub opowiadania historii marki.

Emocjonalny wpływ filmów wideo jest również kluczowym czynnikiem wpływającym na ich skuteczność. W filmach wideo można wykorzystać takie elementy, jak muzyka, dialogi, mimika i mowa ciała, aby stworzyć emocjonalną więź z widzem. Ta umiejętność wywoływania emocji wzmacnia siłę przekazu i może prowadzić do większej lojalności wobec marki i większego zaangażowania.

Ponadto marketing wideo korzysta z łatwości udostępniania w mediach społecznościowych i innych platformach internetowych. Filmy są często udostępniane częściej niż inne rodzaje treści, co zwiększa ich zasięg i potencjał wirusowy. Cecha ta czyni je szczególnie cennymi w kampaniach mających na celu zwiększenie świadomości marki lub dotarcie do szerokiego grona odbiorców.

Wreszcie, rozwijające się technologie sprawiły, że produkcja wideo stała się bardziej dostępna i niedroga. Wraz z pojawieniem się wysokiej jakości smartfonów, oprogramowania do edycji wideo i platform do transmisji strumieniowej na żywo markom każdej wielkości tworzenie i dystrybucja treści wideo stało się łatwiejsze. Ta dostępność otworzyła drzwi do większej kreatywności i innowacji w dziedzinie marketingu wideo.

Podsumowując, znaczenie marketingu wideo w 2024 roku polega na jego zdolności do przyciągania uwagi, skutecznej komunikacji, nawiązywania więzi emocjonalnej, zachęcania do dzielenia się i dostosowywania się do różnych celów marketingowych. Marki, które pomyślnie zintegrują marketing wideo ze swoją ogólną strategią, mogą spodziewać się znacznej poprawy zaangażowania, świadomości i wpływu swojej komunikacji.

2.3.2. Strategie dotyczące treści wideo

W 2024 roku opracowywanie skutecznych strategii dotyczących treści wideo stało się istotnym aspektem marketingu cyfrowego. Ponieważ konsumpcja wideo online stale rośnie, marki muszą przyjąć innowacyjne i ukierunkowane podejście, aby wyróżnić się i zaangażować swoich odbiorców. Kluczem do sukcesu jest tworzenie treści wideo, które są nie tylko wciągające, ale także zgodne z celami i wartościami marki.

Pierwszym krokiem w opracowaniu strategii treści wideo jest ustalenie jasnych celów. Cele te mogą obejmować zwiększenie świadomości marki, zaangażowanie odbiorców, generowanie potencjalnych klientów lub konwersję sprzedaży. Jasne zrozumienie celów pomaga w wyborze rodzaju treści wideo, które należy wyprodukować, niezależnie od tego, czy będą to samouczki edukacyjne, referencje klientów, prezentacje produktów czy inspirujące historie marki.

Po zdefiniowaniu celów niezwykle istotne jest zrozumienie docelowej grupy odbiorców. Wiąże się to ze znajomością ich preferencji, zwyczajów związanych z korzystaniem z treści oraz platform, z których często korzystają. Na przykład młodszą publiczność mogą bardziej zaangażować krótkie, dynamiczne filmy na platformach takich jak TikTok czy Instagram, podczas gdy profesjonalni odbiorcy mogą preferować szczegółowe seminaria internetowe lub studia przypadków na LinkedIn lub YouTube.

Dywersyfikacja formatów wideo jest również ważnym elementem skutecznej strategii dotyczącej treści wideo. Marki powinny eksplorować różne formaty, takie jak wideo na żywo, animacje, wywiady, filmy wyjaśniające i wizualne opowiadanie historii. Każdy format ma swoje mocne strony i można go wykorzystać do komunikowania różnych aspektów marki lub osiągnięcia różnych celów.

Jakość treści jest kolejnym kluczowym czynnikiem. W 2024 r. standardy produkcji wideo będą wysokie, a widzowie oczekują treści atrakcyjnych wizualnie i dobrze wyprodukowanych technicznie. Nie musi to koniecznie oznaczać, że każdy film musi mieć wysoki budżet produkcyjny, ale powinien być dobrze zaprojektowany, z dobrym oświetleniem, wyraźnym dźwiękiem i spójną historią.

Niezbędna jest również optymalizacja filmów pod kątem SEO (SEO). Obejmuje to stosowanie odpowiednich słów kluczowych w tytułach, opisach i tagach, a także optymalizację pod kątem wyszukiwań mobilnych i różnych platform mediów społecznościowych. SEO pomaga zapewnić, że filmy będą łatwe do znalezienia przez docelowych odbiorców.

Wreszcie, pomiar i analiza wydajności wideo jest niezbędna do udoskonalenia strategii dotyczącej treści wideo. Marki powinny śledzić takie wskaźniki, jak wyświetlenia, współczynnik zaangażowania, czas oglądania i konwersje, aby ocenić skuteczność swoich filmów. Dane te pomagają dostosować przyszłe podejście i zapewnić, że filmy będą nadal odpowiadać potrzebom i zainteresowaniom widzów.

Podsumowując, skuteczna strategia dotycząca treści wideo na rok 2024 wymaga starannego planowania, zrozumienia odbiorców, dywersyfikacji formatów, produkcji wysokiej jakości, optymalizacji pod kątem SEO i ciągłej analizy wydajności. Przyjmując takie podejście, marki mogą tworzyć filmy, które nie tylko urzekają i angażują, ale także znacząco przyczyniają się do realizacji ich ogólnych celów marketingowych.

2.3.3. Platformy i formaty

W 2024 r. krajobraz platform i formatów marketingu wideo znacznie się zróżnicował, zapewniając markom wiele możliwości dotarcia do odbiorców i zaangażowania ich. Każda platforma ma unikalne cechy i specyficzne formaty, dostosowane do różnych typów treści i odbiorców. Zrozumienie tych niuansów jest niezbędne, aby zmaksymalizować wpływ strategii marketingu wideo.

YouTube nadal dominuje jako popularna platforma do marketingu wideo dzięki ogromnej publiczności i zaawansowanym możliwościom SEO. To świetne miejsce na dłuższe, bardziej szczegółowe filmy, takie jak samouczki, prezentacje produktów lub seminaria internetowe. YouTube jest również skuteczny w przypadku opowiadania historii związanych z marką i seriali wideo, dając markom przestrzeń do budowania dogłębnego i wciągającego opowiadania historii.

Instagram, kładąc nacisk na efekty wizualne, jest idealny do krótkich, mocnych filmów. Historie i szpule na Instagramie oferują dynamiczne formaty umożliwiające szybkie i wciągające treści, idealne do przyciągnięcia uwagi młodszych odbiorców. Te formaty doskonale nadają się do podglądów produktów, chwil za kulisami lub współpracy z wpływowymi osobami.

TikTok zrewolucjonizował krajobraz wideo dzięki krótkiemu, wirusowemu formatowi wideo. To kluczowa platforma umożliwiająca dotarcie do pokolenia Z i tworzenie treści, które mogą szybko stać się wirusowe. Marki wykorzystują TikTok do podejmowania wyzwań, trendów tanecznych i kreatywnego opowiadania historii, które zachęcają użytkowników do zaangażowania i tworzenia treści generowanych przez użytkowników.

LinkedIn stał się wiodącą platformą dla profesjonalnych treści wideo i B2B. Filmy na LinkedIn idealnie nadają się do dzielenia się spostrzeżeniami ekspertów, studiami przypadków i treściami edukacyjnymi, które budują wiarygodność i autorytet marki w kontekście zawodowym.

Poza tymi podstawowymi platformami, inne pojawiające się opcje oferują wyjątkowe możliwości. Na przykład platformy takie jak Twitch lub aplikacje rzeczywistości rozszerzonej/wirtualnej otwierają nowe możliwości wciągających i interaktywnych doświadczeń.

Jeśli chodzi o formaty, różnią się one od filmów na żywo, które umożliwiają interakcję z publicznością w czasie rzeczywistym, po filmy 360°, które zapewniają wciągające wrażenia. Popularne są również filmy animowane, które wyjaśniają złożone koncepcje w prosty i atrakcyjny wizualnie sposób.

Podsumowując, w 2024 roku wybór platformy i formatu wideomarketingu musi być dostosowany do celów marki, przekazu treści i preferencji docelowych odbiorców. Skuteczna strategia marketingu wideo często obejmuje połączenie wielu platform i formatów, z których każdy przyczynia się do innego aspektu opowiadania historii marki i zaangażowania odbiorców. Mądrze wykorzystując te różne opcje, marki mogą tworzyć bardziej dynamiczne, ukierunkowane i skuteczne kampanie marketingu wideo.

2.3.4 Pomiar wpływu i ROI

W 2024 r. mierzenie wpływu i zwrotu z inwestycji (ROI) kampanii wideomarketingowych stanie się standardową praktyką dla firm chcących ocenić skuteczność swoich strategii cyfrowych. Zrozumienie prawdziwego wpływu filmów wideo na cele biznesowe i marketingowe ma kluczowe znaczenie dla uzasadnienia inwestycji i ukierunkowania przyszłych decyzji strategicznych.

Pierwszym krokiem w pomiarze wpływu filmów jest zdefiniowanie kluczowych wskaźników wydajności (KPI) dostosowanych do konkretnych celów kampanii. Te wskaźniki KPI mogą obejmować takie wskaźniki, jak liczba wyświetleń, współczynnik zaangażowania (polubienia, komentarze, udostępnienia), czas oglądania i współczynnik klikalności osadzonych linków. W przypadku kampanii nastawionych na konwersję ważne są również KPI, takie jak współczynnik konwersji, liczba wygenerowanych leadów czy sprzedaż bezpośrednio powiązana z filmem.

Analiza tych wskaźników KPI pozwala markom zrozumieć nie tylko, ile osób obejrzało film, ale także w jaki sposób wchodzili z nim w interakcję. Na przykład wysoki współczynnik obejrzeń, ale niski współczynnik zaangażowania może wskazywać, że film przyciąga uwagę, ale nie zachęca do działania. Podobnie duża liczba kliknięć w osadzony link może wskazywać na duże zainteresowanie prezentowanym produktem lub usługą.

Aby zmierzyć zwrot z inwestycji, konieczne jest powiązanie tych wskaźników KPI z rzeczywistymi kosztami produkcji i dystrybucji wideo. Wiąże się to z uwzględnieniem kosztów kreatywnych, w tym produkcji, montażu i ewentualnie opłat płaconych influencerom lub agencjom. Porównując te koszty z wygenerowanymi przychodami lub wartością pozyskanych leadów, firmy mogą obliczyć dokładny ROI i zrozumieć efektywność finansową swoich kampanii wideo.

Zaawansowane narzędzia analityczne odgrywają kluczową rolę w pomiarze wpływu

i ROI. Platformy takie jak Google Analytics, zintegrowane narzędzia do analityki mediów społecznościowych i specjalistyczne oprogramowanie do marketingu wideo zapewniają szczegółowy wgląd w skuteczność wideo. Narzędzia te nie tylko śledzą standardowe wskaźniki KPI, ale także umożliwiają głębsze analizy, takie jak śledzenie podróży użytkownika, atrybucja wielodotykowa i analiza zachowań widzów.

Wreszcie, ważne jest, aby przy mierzeniu wpływu filmów zastosować podejście całościowe. Oznacza to uwzględnienie nie tylko wskaźników ilościowych, ale także skutków jakościowych, takich jak poprawa świadomości marki, postrzeganie marki przez konsumentów i dostosowanie treści wideo do wartości marki. Te aspekty jakościowe, choć trudniejsze do zmierzenia, są niezbędne do zrozumienia pełnego wpływu filmów na ogólną strategię marketingową.

Podsumowując, pomiar wpływu i ROI kampanii wideo marketingowych w 2024 roku wymaga połączenia śledzenia KPI, analizy kosztów, wykorzystania zaawansowanych narzędzi analitycznych i całościowej oceny jakościowej wpływu. Stosując to kompleksowe podejście, firmy mogą nie tylko uzasadnić swoje inwestycje w marketing wideo, ale także udoskonalić swoje strategie, aby zmaksymalizować przyszły wpływ.

ROZDZIAŁ 3: NOWE TECHNOLOGIE I MARKETING CYFROWY

„Ludzie nie wierzą w to, co robisz, wierzą w to, dlaczego to robisz."

Szymon Sinek

W 3.1 Sztuczna inteligencja i automatyzacja

3.1.1 AI w marketingu cyfrowym

W 2024 r. integracja sztucznej inteligencji (AI) z marketingiem cyfrowym zrewolucjonizuje sposób, w jaki firmy wchodzą w interakcję z klientami i optymalizują swoje strategie marketingowe. Sztuczna inteligencja dzięki zaawansowanej analizie danych, uczeniu maszynowemu i możliwościom automatyzacji otworzyła nowe możliwości personalizacji, wydajności i innowacji w marketingu cyfrowym. Jednym z obszarów, na który sztuczna inteligencja w marketingu cyfrowym ma największy wpływ, jest personalizacja na dużą skalę. Dzięki złożonej analizie danych i przetwarzaniu języka naturalnego sztuczna inteligencja umożliwia markom tworzenie wysoce spersonalizowanych doświadczeń użytkowników. Przejawia się to w rekomendacjach produktów w serwisach e-commerce, personalizowanych treściach w marketingowych emailach i targetowanych reklamach w mediach społecznościowych. Rozumiejąc preferencje i zachowania użytkowników, sztuczna inteligencja pomaga markom dostarczać właściwy komunikat właściwemu użytkownikowi we właściwym czasie, zwiększając w ten sposób zaangażowanie i konwersję.

Kolejnym kluczowym obszarem jest automatyzacja oparta na sztucznej inteligencji. Powtarzalne i czasochłonne zadania, takie jak segmentacja klientów, wysyłanie e-maili i zarządzanie kampaniami reklamowymi, można zautomatyzować za pomocą sztucznej inteligencji. Oszczędza to cenny czas zespołom marketingowym, umożliwiając im skupienie się na bardziej strategicznych i kreatywnych aspektach marketingu. Dodatkowo automatyzacja poprawia efektywność i spójność kampanii marketingowych, ograniczając błędy ludzkie oraz zapewniając szybką i trafną realizację.

Sztuczna inteligencja odgrywa również kluczową rolę w analizach predykcyjnych. Analizując ogromne zbiory danych, sztuczna inteligencja może identyfikować trendy, przewidywać zachowania konsumentów i przewidywać przyszłe potrzeby rynku. Ta funkcja umożliwia firmom podejmowanie proaktywnych, świadomych decyzji, opracowywanie innowacyjnych produktów i tworzenie kampanii marketingowych spełniających zmieniające się oczekiwania konsumentów.

Dodatkowo sztuczna inteligencja poprawia jakość obsługi klienta poprzez chatboty i wirtualnych asystentów. Narzędzia te, oparte na sztucznej inteligencji, oferują pomoc w czasie rzeczywistym, odpowiadają na pytania klientów i zapewniają spersonalizowane wsparcie. Ta natychmiastowa, spersonalizowana interakcja zwiększa satysfakcję klientów i wzmacnia lojalność wobec marki.

Wreszcie sztuczna inteligencja pomaga optymalizować kampanie marketingowe w czasie rzeczywistym. Dzięki uczeniu maszynowemu systemy AI mogą stale uczyć się na podstawie przeszłych interakcji i dostosowywać strategie marketingowe w celu maksymalizacji efektywności. Niezależnie od tego, czy chodzi o dostosowywanie stawek za reklamy online, czy zmianę treści kampanii na podstawie opinii użytkowników, sztuczna inteligencja gwarantuje, że kampanie pozostaną trafne i skuteczne.

Podsumowując, włączenie sztucznej inteligencji do marketingu cyfrowego w 2024 r. zmieniło sposób, w jaki firmy podchodzą do marketingu. Oferując zaawansowaną personalizację, automatyzację, analitykę predykcyjną, poprawę jakości obsługi klienta i możliwości optymalizacji w czasie rzeczywistym, sztuczna inteligencja stała się niezbędnym narzędziem dla marketerów, którzy chcą zachować konkurencyjność w stale rozwijającym się środowisku cyfrowym.

3.1.2 Personalizacja i sztuczna inteligencja

W 2024 roku personalizacja w marketingu cyfrowym osiągnęła nowy poziom dzięki zaawansowanej integracji sztucznej inteligencji (AI). Sztuczna inteligencja umożliwiła personalizację na znacznie głębszym i bardziej wyrafinowanym poziomie, zmieniając sposób, w jaki marki wchodzą w interakcję z klientami i zapewniając wysoce spersonalizowane i odpowiednie doświadczenia użytkownika.

Sztuczna inteligencja umożliwia firmom gromadzenie i analizowanie ogromnych ilości danych na temat zachowań, preferencji i interakcji użytkowników. Ta możliwość dogłębnej analizy pozwala na tworzenie szczegółowych profili użytkowników i zrozumienie niuansów potrzeb i pragnień każdej osoby. Korzystając z tych informacji, marki mogą personalizować swoje komunikaty, oferty i treści w znacznie bardziej precyzyjny i odpowiedni dla każdego użytkownika sposób.

Na przykład w handlu elektronicznym sztuczna inteligencja służy do rekomendowania spersonalizowanych produktów. Analizując zachowania przeglądania, poprzednie zakupy i interakcje z produktami, systemy AI mogą sugerować produkty, które odpowiadają indywidualnym gustom i preferencjom klientów. Podejście to nie ogranicza się do rekomendacji produktów; obejmuje to również personalizację całego sposobu przeglądania, w tym układu witryny, wyświetlanych promocji, a nawet komunikacji e-mailowej.

Jeśli chodzi o treść, sztuczna inteligencja umożliwia dynamiczną personalizację treści. Systemy AI mogą dostosowywać treści wyświetlane w witrynie lub aplikacji w czasie rzeczywistym na podstawie interakcji użytkownika. Oznacza to, że każdy użytkownik otrzymuje unikalne i spersonalizowane treści, zwiększając zaangażowanie i trafność.

Sztuczna inteligencja odgrywa także kluczową rolę w personalizowaniu kampanii reklamowych. Analizując dane demograficzne, zainteresowania i zachowania online, sztuczna inteligencja może pomóc w dokładniejszym kierowaniu reklam, dzięki czemu wiadomości dotrą do osób, które mogą być najbardziej zainteresowane. To ukierunkowane podejście nie tylko poprawia skuteczność kampanii reklamowych, ale także ogranicza marnowanie zasobów reklamowych.

Dodatkowo sztuczna inteligencja poprawia jakość obsługi klienta poprzez spersonalizowane interakcje. Chatboty i wirtualni asystenci wykorzystujący sztuczną inteligencję mogą zapewniać spersonalizowaną obsługę klienta, odpowiadając na konkretne pytania klientów i oferując rekomendacje na podstawie ich preferencji i historii zakupów.

Podsumowując, personalizacja dzięki sztucznej inteligencji w 2024 r. głęboko odmieni marketing cyfrowy. Umożliwia markom tworzenie unikalnych i odpowiednich doświadczeń użytkowników, zwiększanie zaangażowania i zadowolenia klientów oraz optymalizację skuteczności kampanii marketingowych. Ta zaawansowana personalizacja jest nie tylko korzystna dla marek w postaci zwiększenia konwersji i lojalności klientów, ale także znacząco poprawia ogólne doświadczenie użytkownika.

3.1.3 Automatyzacja marketingu

W 2024 roku automatyzacja marketingu stanie się fundamentalną częścią strategii marketingu cyfrowego, umożliwiając firmom każdej wielkości optymalizację działań marketingowych, poprawę efektywności i personalizację interakcji z klientami na niespotykaną dotychczas skalę. Automatyzacja marketingu wykorzystuje zaawansowane technologie do systematycznego i efektywnego zarządzania i realizacji zadań marketingowych, zmniejszając w ten sposób nakład pracy ręcznej i zwiększając trafność kampanii.

Jedną z największych zalet automatyzacji marketingu jest możliwość skutecznego zarządzania interakcjami z klientami w różnych kanałach. Obejmuje to wysyłanie spersonalizowanych e-maili, publikowanie treści w mediach społecznościowych, zarządzanie kampaniami reklamowymi w Internecie i aktualizację stron internetowych. Dzięki automatyzacji zadania te można planować i wykonywać automatycznie w oparciu o określone wyzwalacze lub zachowania użytkowników, zapewniając, że właściwy komunikat dotrze do właściwego klienta we właściwym czasie.

Automatyzacja marketingu jest również niezbędna do śledzenia i zarządzania leadami. Systemy automatyzacji mogą śledzić interakcje użytkowników z firmową stroną internetową, pocztą elektroniczną i mediami społecznościowymi, rejestrując cenne dane o zainteresowaniach i zachowaniach potencjalnych klientów. Informacje te są następnie wykorzystywane do segmentacji potencjalnych klientów i dalszej personalizacji działań marketingowych, zwiększając szanse na konwersję.

Dodatkowo automatyzacja marketingu odgrywa kluczową rolę w analityce i raportowaniu. Narzędzia do automatyzacji zapewniają szczegółową analizę skuteczności kampanii, oferując wgląd w takie aspekty, jak współczynnik otwarć e-maili, współczynnik klikalności, ruch w witrynie i konwersje. Dane te pozwalają marketerom szybko dostosowywać swoje strategie, optymalizować bieżące kampanie i podejmować świadome decyzje w oparciu o dane.

Integracja sztucznej inteligencji z automatyzacją marketingu umożliwiła także znaczny postęp w personalizacji i wydajności. Sztuczna inteligencja może analizować duże ilości danych, aby identyfikować trendy, przewidywać zachowania klientów i automatyzować złożone decyzje marketingowe. Na przykład sztuczna inteligencja może automatycznie polecać spersonalizowane produkty lub usługi poszczególnym klientom na podstawie ich historii zakupów i preferencji.

Wreszcie automatyzacja marketingu sprawia, że przesyłanie wiadomości jest spójne i spójne we wszystkich kanałach. Centralizując zarządzanie kampaniami i treścią, firmy mogą zapewnić spójność przekazu marki niezależnie od punktu kontaktu z klientem. Jest to niezbędne do zbudowania silnej i wiarygodnej marki.

Podsumowując, w 2024 roku automatyzacja marketingu będzie nieodzowną częścią marketingu cyfrowego, oferującą znaczące korzyści w zakresie efektywności, personalizacji, analizy i spójności przekazów. Wprowadzając automatyzację, firmy mogą nie tylko usprawnić swoje działania marketingowe, ale także zapewniać bogatsze i bardziej angażujące doświadczenia klientów.

3.1.4 Przykłady zastosowań

W 2024 r. zastosowanie sztucznej inteligencji (AI) i automatyzacji w marketingu cyfrowym przejawiło się w różnych innowacyjnych i wpływowych przykładach, demonstrując ich zdolność do przekształcania strategii marketingowych firm.

Godnym uwagi przykładem jest wykorzystanie chatbotów opartych na sztucznej inteligencji w obsłudze klienta. Te chatboty, zintegrowane ze stronami internetowymi i platformami mediów społecznościowych, wykorzystują przetwarzanie języka naturalnego, aby rozumieć zapytania klientów i odpowiadać na nie w czasie rzeczywistym. Na przykład firma zajmująca się handlem elektronicznym może korzystać z chatbota, aby pomóc klientom znaleźć produkty, odpowiedzieć na pytania dotyczące zamówień lub rozwiązać problemy z obsługą klienta. Te chatboty zapewniają natychmiastową pomoc, skracają czas oczekiwania klientów i uwalniają zasoby ludzkie do bardziej złożonych zadań.

Innym przykładem jest automatyzacja kampanii e-mail marketingowych. Systemy automatyzacji wykorzystują dane o zachowaniu klientów, takie jak historia zakupów i poprzednie interakcje e-mailowe, do wysyłania spersonalizowanych wiadomości. Na przykład po zakupie produktu przez klienta sztuczna inteligencja może wywołać serię spersonalizowanych e-maili oferujących uzupełniające akcesoria lub produkty, zwiększając szansę na dodatkową sprzedaż.

Sztuczna inteligencja wykorzystywana jest także do personalizacji treści na stronach internetowych. Na podstawie zachowań przeglądania użytkownika, wcześniejszych interakcji i preferencji sztuczna inteligencja może dynamicznie zmieniać treści wyświetlane na stronie, tworząc wysoce spersonalizowane doświadczenie. Na przykład witryna turystyczna może wyświetlać spersonalizowane oferty podróży w oparciu o wcześniej oglądane przez użytkownika miejsca docelowe lub preferencje dotyczące podróży.

W reklamie internetowej sztuczna inteligencja i automatyzacja umożliwiły optymalizację kampanii reklamowych w czasie rzeczywistym. Algorytmy AI stale analizują skuteczność reklam i automatycznie dostosowują stawki, kierowanie i treść, aby zmaksymalizować zwrot z inwestycji. Na przykład kampanię reklamową w mediach społecznościowych można stale dostosowywać w oparciu o interakcje użytkowników, dzięki czemu reklamy są zawsze trafne i skuteczne.

Wreszcie, analiza predykcyjna oparta na sztucznej inteligencji służy do przewidywania trendów rynkowych i zachowań konsumentów. Analizując duże ilości danych, firmy mogą przewidywać przyszłe potrzeby klientów, identyfikować pojawiające się możliwości rynkowe i odpowiednio dostosowywać swoje strategie. Na przykład marka modowa może korzystać z analiz predykcyjnych, aby przewidywać trendy w modzie i odpowiednio dostosowywać swoje kolekcje i zapasy.

Te przykłady ilustrują, jak sztuczna inteligencja i automatyzacja zmienią marketing cyfrowy w 2024 r., zapewniając bardziej spersonalizowane doświadczenia klientów, optymalizując działania marketingowe i dostarczając cennych spostrzeżeń do podejmowania decyzji. Przyjęcie tych technologii pozwala firmom zachować konkurencyjność w stale zmieniającym się krajobrazie cyfrowym i zapewniać klientom wyjątkowe doświadczenia.

3.2 Rzeczywistość rozszerzona i wirtualna

3.2.1 AR/VR w marketingu

W 2024 r. rzeczywistość rozszerzona (AR)

i rzeczywistość wirtualna (VR) zajęły ważne miejsce w marketingu cyfrowym, oferując wciągające i interaktywne doświadczenia, które na nowo definiują zaangażowanie klientów. Zastosowanie tych technologii umożliwiło markom tworzenie innowacyjnych kampanii reklamowych, poprawę doświadczeń zakupowych i wzmocnienie emocjonalnej więzi z konsumentami.

W szczególności AR zrewolucjonizowała branżę detaliczną. Marki wykorzystują AR, aby umożliwić klientom wirtualne wypróbowanie produktów przed zakupem. Na przykład marka kosmetyków może oferować aplikację AR, która pozwala użytkownikom zobaczyć w czasie rzeczywistym, jak różne produkty do makijażu będą wyglądać na ich twarzy. Podobnie sklepy meblowe korzystają z AR, aby pomóc klientom w wizualizacji, jak meble będą pasować do ich przestrzeni życiowej. Te wciągające doświadczenia zakupowe nie tylko zwiększają satysfakcję klientów, ale także zmniejszają liczbę zwrotów, zapewniając lepsze zrozumienie produktu.

W rzeczywistości wirtualnej marki tworzą kompletne doświadczenia marki, które zanurzają użytkowników w w pełni zaprojektowanych światach. Na przykład firma samochodowa może wykorzystać technologię VR, aby zaoferować klientom wirtualne wrażenia z jazdy najnowszym modelem samochodu. Firmy z branży turystycznej wykorzystują rzeczywistość wirtualną do oferowania wirtualnych wycieczek po miejscach docelowych, umożliwiając klientom zapoznanie się z podróżą przed dokonaniem rezerwacji. Te doświadczenia VR nie tylko angażują, ale także pomagają budować oczekiwanie i zainteresowanie produktem lub usługą.

AR i VR wykorzystywane są także w interaktywnych kampaniach reklamowych. Marki tworzą reklamy, w których użytkownicy mogą wchodzić w interakcję z elementami AR lub zanurzać się w doświadczeniach VR. Kampanie te nie tylko przyciągają uwagę; tworzą trwałe wspomnienia i budują zaangażowanie marki.

Dodatkowo technologie te oferują wyjątkowe możliwości opowiadania historii marki. Korzystając z AR i VR, firmy mogą opowiadać historie w bardziej wciągający i emocjonalny sposób. Na przykład marka może wykorzystać rzeczywistość wirtualną, aby przenieść użytkowników w historię powstania firmy lub pokazać wpływ jej inicjatyw na rzecz zrównoważonego rozwoju.

Wreszcie AR i VR dostarczają cennych danych na temat zachowań użytkowników. Marki mogą śledzić, w jaki sposób użytkownicy wchodzą w interakcję z doświadczeniami AR/VR, jakie produkty preferują i ile czasu spędzają z określonymi funkcjami. Dane te można wykorzystać do udoskonalenia strategii marketingowych i poprawy przyszłych doświadczeń.

Podsumowując, integracja AR i VR w marketingu cyfrowym w 2024 roku otworzyła nowe wymiary zaangażowania klientów. Oferując wciągające doświadczenia zakupowe, interaktywne kampanie reklamowe, wciągające możliwości opowiadania historii i cenne spostrzeżenia behawioralne, AR i VR umożliwiają markom nawiązywanie głębszego i bardziej znaczącego kontaktu z konsumentami.

3.2.2 Innowacyjne kampanie

W 2024 roku wykorzystanie rzeczywistości rozszerzonej (AR) i rzeczywistości wirtualnej (VR) w kampaniach marketingowych zaowocowało niezwykle innowacyjnymi inicjatywami reklamowymi, zmieniającymi sposób interakcji marek z odbiorcami. Technologie te pomogły stworzyć wciągające i zapadające w pamięć doświadczenia reklamowe, które nie tylko przykuwają uwagę konsumentów, ale także wzmacniają zaangażowanie marki.

Uderzającym przykładem innowacyjnej kampanii jest marka modowa, która uruchomiła doświadczenie AR, umożliwiające użytkownikom wirtualne oglądanie i przymierzanie odzieży i akcesoriów za pośrednictwem smartfona. Kampania ta nie tylko wywołała spory szum ze względu na swój innowacyjny charakter, ale także zwiększyła współczynniki konwersji, zapewniając klientom bardziej interaktywne i spersonalizowane doświadczenia zakupowe.

W branży rozrywkowej duża firma zajmująca się produkcją filmową wykorzystała technologię VR do stworzenia wciągających wrażeń związanych z premierą długo oczekiwanego filmu. Użytkownicy mogli eksplorować sceny z filmu, wchodzić w interakcję z elementami fabuły, a nawet brać udział w wirtualnych misjach. Ta kampania nie tylko wzbudziła zainteresowanie filmem, ale także zapewniła głębokie i wciągające doświadczenie marki, które wzmocniło lojalność fanów.

Firma motoryzacyjna wprowadziła innowacje, wykorzystując VR do oferowania wirtualnych jazd testowych swoich nowych modeli. Klienci mogli zasiąść w symulatorze VR i doświadczyć realistycznych wrażeń z jazdy, w tym wrażenia z jazdy po zróżnicowanym terenie i w różnych warunkach atmosferycznych. Takie podejście nie tylko przezwyciężyło ograniczenia tradycyjnych jazd próbnych, ale także pozwoliło marce wyróżnić się na konkurencyjnym rynku.

W przestrzeni edukacyjno-szkoleniowej firma technologiczna uruchomiła kampanię VR, której celem jest edukacja społeczeństwa na temat nowych technologii. Użytkownicy mogli wziąć udział w interaktywnych symulacjach, aby dowiedzieć się, jak działają te technologie i ich potencjalny wpływ na społeczeństwo. Kampania ta nie tylko wzmocniła pozycję firmy jako lidera innowacji technologicznych, ale także pomogła edukować i angażować społeczeństwo w ważne tematy.

Wreszcie marka kosmetyczna wykorzystała AR do stworzenia interaktywnej kampanii w mediach społecznościowych, podczas której użytkownicy mogli wirtualnie przymierzyć różne produkty do makijażu. Dzieląc się swoim wirtualnym wyglądem w mediach społecznościowych, użytkownicy mogą wziąć udział w konkursie, zwiększając widoczność marki i zachęcając konsumentów do zaangażowania.

Te przykłady ilustrują, jak można wykorzystać AR i VR do tworzenia kampanii marketingowych, które są nie tylko innowacyjne, ale także głęboko angażujące. Zapewniając wciągające i interaktywne doświadczenia, technologie te umożliwiają markom nawiązywanie bardziej znaczących kontaktów z odbiorcami, budowanie świadomości marki oraz zwiększanie zaangażowania i lojalności klientów.

3.2.3 Integracja z sieciami społecznościowymi

W 2024 r. integracja rzeczywistości rozszerzonej (AR) i rzeczywistości wirtualnej (VR) z mediami społecznościowymi otworzyła nowe możliwości marketingu cyfrowego, tworząc bardziej wciągające i interaktywne doświadczenia użytkowników. Ta konwergencja umożliwiła markom nawiązanie bardziej znaczącego kontaktu z odbiorcami, zmieniając sposób, w jaki użytkownicy wchodzą w interakcję z treściami na platformach społecznościowych.

Integracja AR z sieciami społecznościowymi znacząco zrewolucjonizowała zaangażowanie użytkowników. Platformy takie jak Instagram i Snapchat przyjęły AR, aby umożliwić użytkownikom korzystanie z interaktywnych funkcji bezpośrednio z poziomu aplikacji. Na przykład marki kosmetyczne korzystają z filtrów AR, aby umożliwić użytkownikom wirtualne przymierzanie produktów do makijażu, a sklepy z modą oferują wirtualne przymierzanie ubrań. Te doświadczenia AR nie tylko zwiększają zaangażowanie użytkowników; zapewniają także cenny wgląd w preferencje konsumentów, co jest niezbędne w przypadku ukierunkowanych strategii marketingowych.

VR, choć mniej rozpowszechniony w mediach społecznościowych ze względu na większą immersję i konieczność posiadania specjalistycznego sprzętu, także znalazł swoje miejsce. Platformy takie jak Facebook Horizon i inne przestrzenie społecznościowe VR pozwalają użytkownikom zanurzyć się w środowiskach wirtualnych, w których mogą głębiej wchodzić w interakcję z treścią marki. Na przykład biuro podróży może stworzyć środowisko VR, w którym użytkownicy mogą wirtualnie zwiedzać miejsce docelowe, zapewniając unikalną formę opowiadania historii i promocji.

Integracja AR i VR z mediami społecznościowymi

utorowała także drogę do bardziej innowacyjnych i angażujących kampanii reklamowych. Marki mogą tworzyć interaktywne reklamy AR, które w zabawny sposób zachęcają użytkowników do interakcji z produktem, zwiększając w ten sposób świadomość marki i zaangażowanie konsumentów. Podobnie doświadczenia VR udostępniane w mediach społecznościowych mogą generować szum i zachęcać do udostępniania treści, poszerzając zasięg marki.

Dodatkowo integracja tych technologii z mediami społecznościowymi pozwala na większą personalizację marketingu. Wykorzystując dane zebrane w wyniku interakcji użytkowników z doświadczeniami AR i VR, marki mogą udoskonalać swoje strategie marketingowe i treściowe, aby lepiej odpowiadać zainteresowaniom i potrzebom docelowych odbiorców.

Podsumowując, integracja AR i VR z mediami społecznościowymi w 2024 roku znacznie wzbogaciła doświadczenia użytkowników i zaoferowała markom nowe sposoby nawiązania kontaktu z odbiorcami. Tworząc wciągające i interaktywne doświadczenia, marki mogą nie tylko zwiększyć zaangażowanie i świadomość, ale także zyskać cenny wgląd w preferencje swoich konsumentów, co jest niezbędne do osiągnięcia sukcesu marketingu cyfrowego w epoce nowożytnej.

3.2.4 Przyszłość AR/VR w marketingu

W roku 2024 przyszłość rzeczywistości rozszerzonej (AR) i rzeczywistości wirtualnej (VR) w marketingu rysuje się w jasnych barwach i pełnych potencjału. Technologie te rozwijają się w szybkim tempie, otwierając przed markami nowe możliwości tworzenia wciągających i zapadających w pamięć doświadczeń klientów. Wpływ AR i VR na marketing wykracza daleko poza proste gadżety technologiczne; stają się niezbędnymi narzędziami do opowiadania historii marki, angażowania klientów i personalizacji marketingu.

Jednym z najważniejszych osiągnięć oczekiwanych w przyszłości AR i VR jest ich dalsza integracja z codziennym życiem konsumentów. Oczekuje się, że w miarę ulepszania technologii i spadku kosztów coraz więcej osób będzie miało dostęp do tych doświadczeń. Oznacza to, że marki będą mogły dotrzeć do szerszej i bardziej zróżnicowanej publiczności, dostarczając doświadczenia AR i VR w coraz bardziej zróżnicowanych kontekstach, od sklepów fizycznych po platformy internetowe.

Kolejnym ważnym aspektem przyszłości AR i VR w marketingu jest lepsza personalizacja. Dzięki postępom w sztucznej inteligencji i uczeniu maszynowym doświadczenia AR i VR będą mogły być dostosowywane do indywidualnych preferencji użytkowników, zapewniając jeszcze bardziej spersonalizowane i odpowiednie doświadczenia. Na przykład doświadczenie AR w sklepie może rekomendować określone produkty na podstawie historii zakupów klienta, podczas gdy środowisko VR może dostosowywać się w czasie rzeczywistym do reakcji i interakcji użytkowników.

W przyszłości nastąpi także głębsza integracja AR i VR ze strategiami omnichannel. Marki będą starały się tworzyć spójne i połączone doświadczenia w różnych punktach kontaktu z klientami, niezależnie od tego, czy to sklepy fizyczne, strony internetowe, aplikacje mobilne czy media społecznościowe. To wielokanałowe podejście zapewni płynną i zintegrowaną podróż klienta, wzmacniając zaangażowanie i lojalność wobec marki.

Ponadto przyszłość AR i VR w marketingu może wiązać się z pojawieniem się nowych form reklamy i partnerstwa marek. Na przykład marki mogą współpracować z platformami gier VR, aby tworzyć wciągające doświadczenia marki, lub wykorzystywać AR do dostarczania interaktywnych, spersonalizowanych reklam w środowiskach miejskich.

Wreszcie prawdopodobne jest, że kwestie etyczne i dotyczące prywatności będą odgrywać coraz większą rolę w wykorzystaniu AR i VR w marketingu. Marki będą musiały zwracać uwagę na sposób gromadzenia i wykorzystywania danych użytkowników oraz zapewnić, że doświadczenia AR i VR respektują prywatność i bezpieczeństwo konsumentów.

Podsumowując, przyszłość AR i VR w marketingu jest pełna możliwości. Technologie te zapewniają markom wyjątkowe możliwości wprowadzania innowacji w swoich strategiach marketingowych, tworzenia atrakcyjnych doświadczeń klientów oraz budowania zaangażowania i lojalności wobec marki. Aby jednak w pełni wykorzystać te możliwości, marki będą musiały poruszać się w stale zmieniającym się krajobrazie, zwracając uwagę na postęp technologiczny, oczekiwania konsumentów i względy etyczne.

3.3 Blockchain i marketing

3.3.1 Wyjaśnienie Blockchain

W 2024 roku blockchain stał się terminem powszechnie używanym, ale jego rozumienie często ogranicza się do dziedziny kryptowalut. Blockchain ma jednak znacznie większy potencjał, szczególnie w marketingu cyfrowym. U podstaw blockchain leży technologia rozproszonego rejestru, która umożliwia bezpieczne, przejrzyste i niezmienne przechowywanie danych. Technologia ta działa jak blockchain (stąd nazwa), gdzie każdy blok zawiera zestaw transakcji lub informacji, kryptograficznie powiązanych z poprzednim blokiem, tworząc w ten sposób łańcuch.

Jedną z głównych zalet blockchainu jest jego zdecentralizowany charakter. W przeciwieństwie do tradycyjnych baz danych zarządzanych przez jednostkę centralną, blockchain jest rozproszony w sieci komputerów, dzięki czemu dane są zarówno bezpieczniejsze, jak i odporne na manipulację. Każda transakcja na blockchainie jest weryfikowana w drodze konsensusu sieciowego, co gwarantuje autentyczność i wiarygodność rejestrowanych informacji.

W kontekście marketingowym blockchain oferuje kilka korzyści. Po pierwsze, zapewnia większą przejrzystość. Firmy mogą wykorzystywać blockchain do tworzenia przejrzystej i możliwej do sprawdzenia historii swoich produktów, od produkcji po dostawę. Może to być szczególnie przydatne dla marek, które chcą udowodnić autentyczność swoich produktów lub wykazać swoje zaangażowanie w etyczne i zrównoważone praktyki.

Po drugie, blockchain oferuje ulepszone możliwości w zakresie bezpieczeństwa danych. W świecie, w którym ochrona danych konsumentów budzi coraz większe obawy, blockchain może zaoferować bezpieczniejsze rozwiązanie do przechowywania danych klientów i zarządzania nimi. Może to pomóc w budowaniu zaufania konsumentów do marek korzystających z tej technologii.

Ponadto blockchain ułatwia wdrażanie inteligentnych kontraktów. Te samowykonujące się umowy, które aktywują się po spełnieniu określonych warunków, mogą zautomatyzować różne aspekty marketingu i sprzedaży, takie jak zarządzanie nagrodami lojalnościowymi, weryfikacja praw autorskich czy wdrażanie programów lojalnościowych.

Wreszcie blockchain otwiera drogę do nowych form reklamy i promocji. Można go na przykład wykorzystać do stworzenia przejrzystych i bezpiecznych systemów nagradzania konsumentów, którzy udostępniają swoje dane lub biorą udział w kampaniach reklamowych.

Podsumowując, blockchain w marketingu wykracza daleko poza kryptowaluty. Oferuje innowacyjne możliwości w zakresie przejrzystości, bezpieczeństwa danych, automatyzacji procesów i tworzenia nowych strategii marketingowych. Wraz z ciągłym rozwojem technologii jej potencjał marketingowy rośnie, zapewniając firmom wyjątkowe możliwości komunikowania się z klientami w bezpieczniejszy i bardziej angażujący sposób.

3.3.2 Zastosowania w marketingu

W 2024 roku blockchain znalazł rewolucyjne zastosowania w marketingu, zmieniając sposób, w jaki firmy wchodzą w interakcję z konsumentami i zarządzają danymi. Zastosowanie tej technologii w marketingu cyfrowym nie tylko zapewnia większą przejrzystość i bezpieczeństwo, ale także toruje drogę bardziej innowacyjnym i skutecznym metodom marketingowym.

Jednym z najbardziej znaczących zastosowań blockchain w marketingu jest zarządzanie lojalnością i nagrodami. Programy lojalnościowe oparte na Blockchain pozwalają firmom tworzyć przejrzyste i bezpieczne systemy nagród. Konsumenci mogą efektywniej gromadzić i wymieniać punkty lojalnościowe, mając pewność, że ich dane i transakcje są bezpieczne i niezmienne. Takie podejście buduje zaufanie klientów i poprawia ich zaangażowanie w markę.

Blockchain służy również do zapewnienia przejrzystości łańcucha dostaw, co jest szczególnie istotne w przypadku marek skupiających się na zrównoważonym rozwoju i etyce. Firmy mogą wykorzystywać technologię blockchain do rejestrowania i śledzenia pochodzenia i podróży swoich produktów, od źródła do sprzedaży. Ta przejrzystość pozwala konsumentom zweryfikować autentyczność produktów i zrównoważonych praktyk firmy, budując w ten sposób zaufanie i lojalność wobec marki.

W obszarze reklamy cyfrowej blockchain oferuje rozwiązania pozwalające zwalczać oszustwa reklamowe i poprawiające przejrzystość transakcji reklamowych. Korzystając z blockchain, firmy mogą mieć pewność, że ich reklamy będą wyświetlane w sposób bezpieczny, a dane o wyświetleniach i kliknięciach będą niezawodne i zabezpieczone przed manipulacją. Pozwala to na lepszą optymalizację kampanii reklamowych i efektywniejszą alokację budżetów reklamowych.

Blockchain ułatwia także wdrażanie inteligentnych kontraktów w kampaniach marketingowych. Te zautomatyzowane umowy mogą być wykorzystywane do zarządzania transakcjami z wpływowymi osobami, partnerstwami co-marketingowymi lub programami partnerskimi. Inteligentne kontrakty zapewniają, że wszystkie strony wywiązują się ze swoich zobowiązań, a płatności lub nagrody są rozdzielane automatycznie po spełnieniu warunków, co upraszcza procesy i zmniejsza ryzyko nieprzestrzegania przepisów.

Ponadto blockchain pozwala na bezpieczniejsze zarządzanie danymi klientów. W kontekście, w którym ochrona danych osobowych stała się głównym problemem, blockchain oferuje rozwiązanie do przechowywania danych i zarządzania nimi w bezpieczny i przejrzysty sposób. Może to pomóc firmom przestrzegać przepisów o ochronie danych, a jednocześnie budować zaufanie konsumentów.

Podsumowując, zastosowania blockchain w marketingu cyfrowym w 2024 roku są szerokie i zróżnicowane. Od zarządzania programami lojalnościowymi po przejrzystość łańcucha dostaw, zwalczanie oszustw reklamowych i bezpieczne zarządzanie danymi, blockchain oferuje firmom potężne narzędzia do ulepszania strategii marketingowych, budowania zaufania konsumentów i optymalizacji skuteczności swoich kampanii. Wraz z rozwojem technologii jej potencjał w marketingu cyfrowym będzie tylko rósł, zapewniając markom jeszcze więcej innowacyjnych możliwości.

3.3.3 Przejrzystość i bezpieczeństwo

W 2024 r. przejrzystość i bezpieczeństwo w marketingu cyfrowym nabrały większego znaczenia, a blockchain jest sercem tej ewolucji. Unikalna zdolność Blockchain do zapewniania niezrównanej przejrzystości i zwiększonego bezpieczeństwa zmieniła sposób, w jaki firmy zarządzają danymi i wchodzą w interakcję z konsumentami.

Przejrzystość jest jedną z głównych zalet blockchain w marketingu. Dzięki rozproszonej i niezmiennej księdze każda transakcja lub interakcja zarejestrowana na blockchainie jest przejrzysta i możliwa do sprawdzenia przez wszystkich uczestników sieci. Ta funkcja jest szczególnie korzystna dla marek, które chcą wykazać swoje zaangażowanie w etyczne i zrównoważone praktyki. Na przykład firma może wykorzystać technologię blockchain do śledzenia pochodzenia i podróży swoich produktów, zapewniając konsumentom możliwość weryfikacji autentyczności produktu i twierdzeń dotyczących zrównoważonego rozwoju marki. Ta przejrzystość buduje zaufanie konsumentów i poprawia wizerunek marki.

Pod względem bezpieczeństwa blockchain oferuje wyższy poziom ochrony danych niż tradycyjne metody. Dane przechowywane w łańcuchu bloków są szyfrowane i rozpowszechniane w zdecentralizowanej sieci, dzięki czemu są praktycznie odporne na manipulacje. To zwiększone bezpieczeństwo jest niezbędne w kontekście, w którym naruszenia bezpieczeństwa danych i obawy dotyczące prywatności są na porządku dziennym. Firmy mogą bezpiecznie przechowywać dane klientów w łańcuchu bloków, zapewniając ochronę poufnych informacji i budując zaufanie klientów.

Blockchain przyczynia się również do bezpieczeństwa i przejrzystości w dziedzinie reklamy cyfrowej. Pomaga zwalczać oszustwa reklamowe, zapewniając przejrzysty i odporny na manipulacje rejestr wyświetleń reklam, kliknięć i konwersji. Dzięki temu reklamodawcy mogą mieć pewność, że ich budżety reklamowe są wykorzystywane efektywnie, a wyniki kampanii autentyczne. Ta przejrzystość pomaga również budować zaufanie między reklamodawcami, wydawcami i konsumentami.

Dodatkowo blockchain ułatwia wdrażanie inteligentnych kontraktów w kampaniach marketingowych. Te zautomatyzowane umowy, realizowane na blockchainie, zapewniają, że wszystkie strony wywiązują się ze swoich zobowiązań. Na przykład w kampanii afiliacyjnej inteligentna umowa może automatycznie uruchomić wypłatę po potwierdzeniu sprzedaży, zapewniając sprawiedliwe i przejrzyste wynagrodzenie dla wszystkich zaangażowanych stron.

Podsumowując, przejrzystość i bezpieczeństwo, jakie przyniesie blockchain w marketingu cyfrowym w 2024 r., będą głównymi atutami przedsiębiorstw. Przyjmując tę technologię, marki mogą nie tylko budować zaufanie konsumentów, ale także poprawiać skuteczność i autentyczność swoich kampanii marketingowych. Blockchain oferuje solidne rozwiązanie umożliwiające poruszanie się po cyfrowym krajobrazie, w którym konsumenci i organy regulacyjne coraz bardziej cenią ochronę danych i przejrzystość operacji.

3.3.4 Studia przypadków

W 2024 r. kilka studiów przypadków ilustruje rewolucyjny wpływ blockchain na marketing cyfrowy, pokazując, w jaki sposób różne firmy przyjęły tę technologię, aby poprawić przejrzystość, bezpieczeństwo i skuteczność swoich strategii marketingowych.

Godnym uwagi studium przypadku jest analiza dużej marki dóbr luksusowych, która wykorzystała technologię blockchain do zwalczania podrabiania i budowania zaufania konsumentów. Marka zintegrowała technologię blockchain, aby stworzyć system identyfikowalności swoich produktów, od produkcji po sprzedaż. Do każdego produktu dołączony był certyfikat cyfrowy zapisany na blockchainie, gwarantujący jego autentyczność. Inicjatywa ta nie tylko pomogła chronić markę przed podrabianiem, ale także zwiększyła zaufanie konsumentów do autentyczności i jakości produktów.

Innym przykładem jest firma z branży spożywczej, która wykorzystała blockchain, aby zapewnić przejrzystość swojego łańcucha dostaw. Firma rejestrowała wszystkie etapy produkcji, transportu i dystrybucji swoich produktów w publicznie dostępnym blockchainie. Konsumenci mogą zeskanować kod QR na produktach, aby uzyskać dostęp do pełnej historii łańcucha dostaw. Ta przejrzystość nie tylko poprawiła zaufanie konsumentów, ale także pozwoliła firmie wyróżnić się na rynku coraz bardziej zorientowanym na zrównoważony rozwój i etykę.

W branży reklamy cyfrowej innowacyjna kampania wykorzystała blockchain do stworzenia przejrzystego i bezpiecznego systemu nagród dla użytkowników udostępniających swoje dane. Użytkownicy mogą zdecydować się na udostępnienie części swoich danych w zamian za tokeny blockchain, które można wykorzystać do zakupów lub usług w ekosystemie marki. Takie podejście pozwoliło firmie zebrać cenne dane, szanując prywatność użytkowników i nagradzając ich za udział.

Inne studium przypadku dotyczy firmy technologicznej, która wdrożyła inteligentne kontrakty do zarządzania partnerstwami partnerskimi. Inteligentne kontrakty zautomatyzowały proces płacenia prowizji, zapewniając sprawiedliwe i przejrzyste wynagrodzenie dla partnerów na podstawie dokonanej sprzedaży. Ta automatyzacja nie tylko obniżyła koszty administracyjne, ale także wzmocniła relacje partnerskie poprzez większą przejrzystość i niezawodność.

Wreszcie firma rozrywkowa wykorzystała technologię blockchain do stworzenia wyjątkowych wrażeń dla fanów. Fani mogli kupić tokeny blockchain, które dały im dostęp do ekskluzywnych treści, specjalnych wydarzeń i bezpośrednich interakcji z artystami. Strategia ta nie tylko wygenerowała nowe źródła przychodów dla firmy, ale także stworzyła bardziej zaangażowaną i lojalną społeczność fanów.

Te studia przypadków pokazują wszechstronność i skuteczność blockchain w różnych aspektach marketingu cyfrowego. Od identyfikowalności produktów po zarządzanie danymi konsumentów, reklamę i zaangażowanie fanów, blockchain oferuje firmom innowacyjne sposoby poprawy przejrzystości, bezpieczeństwa i wydajności ich działań marketingowych. Wraz z ciągłym rozwojem technologii jej potencjał marketingowy rośnie, zapewniając markom coraz więcej innowacyjnych możliwości.

ROZDZIAŁ 4: ANALIZA I NAUKA O DANYCH

„Kreatywność polega po prostu na łączeniu rzeczy. Kiedy pytasz kreatywnych ludzi, jak coś zrobili, czują się trochę winni, ponieważ tak naprawdę tego nie zrobili, po prostu coś widzieli".

Steve'a Jobsa

4.1 Big Data w marketingu cyfrowym

4.1.1 Wprowadzenie do Big Data

W 2024 r. Big Data stanie się istotną częścią marketingu cyfrowego, odgrywając kluczową rolę w tym, jak firmy rozumieją swoich klientów, wchodzą w interakcje z nimi i reagują na nie. Termin „Big Data" odnosi się do niezwykle dużych zbiorów danych, które są analizowane za pomocą zaawansowanych technologii w celu ujawnienia trendów, wzorców i powiązań, szczególnie w odniesieniu do ludzkich zachowań i interakcji.

Wprowadzenie Big Data do marketingu cyfrowego oznaczało znaczącą transformację w procesie podejmowania decyzji i strategii biznesowej. Dzięki dostępowi do ogromnej ilości informacji z różnych źródeł – mediów społecznościowych, transakcji online, mobilnej transmisji danych i nie tylko – firmy mogą teraz dogłębnie zrozumieć potrzeby, preferencje i zachowania swoich klientów. To bogactwo informacji pozwala marketerom tworzyć bardziej ukierunkowane kampanie, personalizować doświadczenia klientów i optymalizować strategie marketingowe w celu uzyskania maksymalnej skuteczności.

Big Data w marketingu cyfrowym nie ogranicza się do gromadzenia dużych ilości danych; chodzi także o umiejętność analizowania i interpretowania tych danych w celu uzyskania praktycznych spostrzeżeń. Zastosowanie zaawansowanych narzędzi analitycznych, sztucznej inteligencji i uczenia maszynowego umożliwia przedsiębiorstwom szybkie przetwarzanie i analizowanie dużych wolumenów danych, przekształcając surowe informacje w cenne spostrzeżenia.

To podejście oparte na danych umożliwia bardziej precyzyjną segmentację rynku, lepsze zrozumienie ścieżki klienta i optymalizację kampanii marketingowych w czasie rzeczywistym. Na przykład analizując dane o zachowaniu użytkowników w witrynie internetowej, firma może zidentyfikować punkty krytyczne na ścieżce zakupowej i wprowadzić ulepszenia, aby zwiększyć współczynniki konwersji.

Dodatkowo Big Data odgrywa kluczową rolę w przewidywaniu przyszłych trendów i zachowań konsumentów. Identyfikując wzorce w danych historycznych, firmy mogą przewidywać przyszłe potrzeby klientów, odpowiednio dostosowywać swoje produkty i usługi oraz wyprzedzać konkurencję.

Podsumowując, Big Data radykalnie zmienił krajobraz marketingu cyfrowego, zapewniając firmom niespotykane dotąd możliwości skutecznego zrozumienia swoich klientów i reagowania na nie. Wykorzystując moc Big Data, firmy mogą nie tylko ulepszyć swoje strategie marketingowe, ale także wzmocnić swoją pozycję rynkową i stworzyć bardziej wzbogacające i spersonalizowane doświadczenia klientów.

4.1.2 Gromadzenie danych i zarządzanie nimi

W 2024 roku gromadzenie danych i zarządzanie nimi w ramach Big Data stało się kluczowymi aspektami marketingu cyfrowego, wymagającymi skrupulatnej i strategicznej uwagi. Zdolność firmy do skutecznego gromadzenia odpowiednich danych oraz odpowiedzialnego i wydajnego zarządzania nimi jest niezbędna do wykorzystania pełnego potencjału Big Data.

Zbieranie danych w marketingu cyfrowym odbywa się za pośrednictwem wielu kanałów. Firmy zbierają informacje na podstawie interakcji użytkowników w witrynach internetowych, aplikacjach mobilnych, mediach społecznościowych, transakcjach online, a nawet na podłączonych urządzeniach w ramach Internetu rzeczy (IoT). Każda interakcja dostarcza cennych danych, które mogą obejmować informacje o zwyczajach przeglądania, preferencjach zakupowych, zachowaniach związanych z wyszukiwaniem i reakcjach na kampanie marketingowe. Aby zmaksymalizować efektywność gromadzenia danych, firmy korzystają z zaawansowanych narzędzi, takich jak pliki cookie, piksele śledzące i oprogramowanie do analityki internetowej.

Jednak samo zbieranie danych nie wystarczy. Równie istotne jest skuteczne zarządzanie tymi danymi. Wiąże się to z organizowaniem, przechowywaniem i analizowaniem zebranych danych, tak aby były dostępne, użyteczne i bezpieczne. Firmy muszą wdrożyć solidne systemy zarządzania danymi, które mogą przechowywać duże ilości danych, zapewniając jednocześnie ich integralność i poufność. Obejmuje to wykorzystanie skalowalnych baz danych, rozwiązań do przechowywania w chmurze i systemów zarządzania danymi, które umożliwiają szybki dostęp i analizę danych.

Bezpieczeństwo danych to kolejny kluczowy aspekt zarządzania danymi. W obliczu rosnących obaw związanych z prywatnością danych i obowiązywania rygorystycznych przepisów, takich jak RODO, firmy muszą zapewnić gromadzenie, przechowywanie i wykorzystywanie danych w sposób zgodny i bezpieczny. Wiąże się to z wdrożeniem solidnych protokołów bezpieczeństwa, szyfrowania danych i jasnych zasad ochrony danych.

Ponadto jakość danych jest niezbędna do dokładnych analiz. Firmy muszą wdrożyć procesy czyszczenia i sprawdzania poprawności danych, eliminowania duplikatów, poprawiania błędów oraz zapewniania aktualności i dokładności danych. Dobra jakość danych gwarantuje, że wnioski płynące z analiz są wiarygodne i istotne.

Wreszcie zarządzanie danymi obejmuje również analizę i interpretację danych w celu uzyskania praktycznych spostrzeżeń. Firmy korzystają z zaawansowanych narzędzi analizy danych, w tym sztucznej inteligencji i uczenia maszynowego, aby analizować trendy, identyfikować wzorce i przewidywać zachowania konsumentów. Analityki te umożliwiają firmom podejmowanie świadomych decyzji, personalizację doświadczeń klientów i optymalizację strategii marketingowych.

Podsumowując, gromadzenie i zarządzanie danymi w ramach Big Data to podstawowe elementy marketingu cyfrowego w 2024 roku. Efektywne zarządzanie danymi pozwala firmom maksymalizować wykorzystanie zebranych informacji, usprawniać podejmowanie decyzji, wzmacniać bezpieczeństwo i zgodność oraz dostarczać więcej spersonalizowane i angażujące doświadczenia klientów.

4.1.3 Analiza danych dla celów marketingowych

W 2024 r. analiza danych stanie się głównym filarem marketingu cyfrowego, umożliwiając firmom przekształcanie ogromnych ilości surowych danych w cenne i przydatne wnioski. Ta umiejętność analizowania i interpretowania danych jest kluczowa dla zrozumienia zachowań konsumentów, optymalizacji strategii marketingowych i poprawy wyników biznesowych.

Analityka danych w marketingu cyfrowym polega na wykorzystaniu wyrafinowanych technik i narzędzi do badania danych zebranych z różnych źródeł. Obejmuje to dane przeglądania stron internetowych, interakcje w mediach społecznościowych, historie zakupów, odpowiedzi na kampanie reklamowe i wiele więcej. Analizując te dane, firmy mogą identyfikować trendy, wzorce zachowań, preferencje konsumentów i możliwości rynkowe. Na przykład analiza danych dotyczących strumienia kliknięć może ujawnić najczęstsze ścieżki, którymi klienci podążają w witrynie, pomagając zoptymalizować wygodę użytkownika i zwiększyć współczynniki konwersji.

Jednym z najpotężniejszych aspektów analizy danych jest segmentacja rynku. Dzieląc konsumentów na grupy na podstawie kryteriów takich jak wiek, płeć, położenie geograficzne, zainteresowania i zachowania zakupowe, firmy mogą tworzyć ukierunkowane i spersonalizowane kampanie marketingowe. To ukierunkowane podejście jest nie tylko bardziej opłacalne, ale także zwiększa trafność i skuteczność komunikatów marketingowych, poprawiając zaangażowanie i lojalność klientów.

Analityka predykcyjna, gałąź analityki danych, również odgrywa kluczową rolę w marketingu cyfrowym. Wykorzystując modele statystyczne i algorytmy uczenia maszynowego, firmy mogą przewidywać przyszłe trendy, zachowania konsumentów i wyniki kampanii marketingowych. Na przykład analityka predykcyjna może pomóc przewidzieć, jakie produkty klient prawdopodobnie kupi jako następny, umożliwiając firmom dostarczanie spersonalizowanych i aktualnych rekomendacji.

Dodatkowo analiza danych pomaga mierzyć i optymalizować zwrot z inwestycji (ROI) w kampanie marketingowe. Śledząc kluczowe wskaźniki, takie jak współczynnik klikalności, współczynnik konwersji, koszt pozyskania i długoterminowa wartość klienta, firmy mogą oceniać skuteczność swoich kampanii i dostosowywać swoje strategie w celu maksymalizacji ROI. To podejście oparte na danych zapewnia alokację zasobów marketingowych w sposób generujący najlepszy możliwy zwrot.

Wreszcie analiza danych umożliwia szybsze i bardziej świadome podejmowanie decyzji. Dzięki dostępowi do analiz w czasie rzeczywistym firmy mogą szybko reagować na zmiany rynkowe, zachowania konsumentów i skuteczność kampanii. Ta elastyczność jest niezbędna w stale zmieniającym się środowisku biznesowym, w którym umiejętność szybkiej adaptacji może być kluczowym czynnikiem sukcesu.

Podsumowując, analityka danych dla marketingu w 2024 r. to dynamiczna i niezbędna dziedzina, umożliwiająca firmom skuteczne poruszanie się po złożonym krajobrazie marketingu cyfrowego. Przekształcając dane w cenne spostrzeżenia, firmy mogą tworzyć bardziej ukierunkowane, spersonalizowane i skuteczne strategie marketingowe, poprawiając zaangażowanie klientów i wyniki biznesowe.

4.1.4 Prywatność i etyka

W 2024 r. kwestie prywatności i etyki związane z analizą danych w marketingu cyfrowym staną się głównymi obszarami zainteresowania przedsiębiorstw i konsumentów. Wraz ze wzrostem gromadzenia i analizowania dużych zbiorów danych konieczne jest, aby firmy podchodziły do tych kwestii w sposób odpowiedzialny, aby utrzymać zaufanie konsumentów i przestrzegać obowiązujących przepisów.

Prywatność konsumentów leży w centrum obaw etycznych związanych z analizą danych. Firmy muszą zapewnić, że dane osobowe są gromadzone, przechowywane i wykorzystywane w sposób respektujący prywatność osób fizycznych. Wiąże się to z wdrożeniem solidnych protokołów bezpieczeństwa w celu ochrony danych przed nieautoryzowanym dostępem lub naruszeniami oraz zapewnieniem, że dane są szyfrowane i bezpieczne. Ponadto firmy muszą zachować przejrzystość w zakresie gromadzenia i wykorzystywania danych oraz uzyskać wyraźną zgodę konsumentów na ich przetwarzanie.

Niezbędna jest również zgodność z przepisami dotyczącymi ochrony danych, takimi jak Ogólne rozporządzenie o ochronie danych Unii Europejskiej (RODO) lub kalifornijska ustawa o ochronie prywatności konsumentów (CCPA). Przepisy te nakładają rygorystyczne wymagania na przetwarzanie danych osobowych, w tym prawo konsumentów do wiedzy, jakie dane na ich temat są gromadzone, do żądania usunięcia ich danych oraz do rezygnacji z ich wykorzystywania w celach marketingowych. Firmy muszą dopilnować, aby w pełni przestrzegały tych przepisów, aby uniknąć znaczących kar i zachować swoją reputację.

Co więcej, względy etyczne wykraczają poza zwykłą zgodność z prawem. Firmy muszą przyjąć etyczne podejście do wykorzystania danych, dbając o to, aby wnioski uzyskane w wyniku analizy danych nie były wykorzystywane do manipulacji lub wykorzystywania konsumentów. Obejmuje to unikanie praktyk takich jak nadmiernie natrętne targetowanie, dyskryminacja oparta na danych lub nieetyczne wykorzystywanie danych wrażliwych.

Znaczenie etyki w analizie danych wiąże się także z budowaniem zaufania konsumentów. W środowisku, w którym obawy dotyczące prywatności i bezpieczeństwa danych są duże, firmy, które wykazują zaangażowanie w etyczne i odpowiedzialne praktyki, mogą wyróżnić się i budować lojalność klientów.

Podsumowując, prywatność i etyka w analizie danych w marketingu cyfrowym w 2024 r. to istotne aspekty, którymi firmy muszą poważnie się zająć. Przyjmując odpowiedzialne i zgodne praktyki zarządzania danymi oraz zobowiązując się do etycznego i przejrzystego wykorzystywania danych, firmy mogą nie tylko przestrzegać przepisów, ale także budować zaufanie i lojalność klientów.

4.2 Analiza predykcyjna i behawioralna

4.2.1 Podstawy analityki predykcyjnej

W 2024 roku analityka predykcyjna stała się niezbędnym narzędziem w obszarze marketingu cyfrowego, pozwalającym firmom przewidywać przyszłe trendy, zachowania konsumentów i wyniki kampanii. W oparciu o wykorzystanie danych, statystyk i modeli uczenia maszynowego analityka predykcyjna pomaga firmom przewidywać potrzeby i pragnienia klientów, optymalizować strategie marketingowe i podejmować świadome decyzje.

Analityka predykcyjna polega na gromadzeniu i analizie dużych ilości danych historycznych i bieżących. Dane te mogą obejmować informacje o transakcjach klientów, interakcjach na stronach internetowych i w mediach społecznościowych, zwyczajach zakupowych, a nawet dane zewnętrzne, takie jak trendy gospodarcze czy warunki pogodowe. Analizując te dane, firmy mogą zidentyfikować wzorce i trendy, które pomogą im zrozumieć przeszłe i obecne zachowania konsumentów.

Po zidentyfikowaniu tych wzorców analiza predykcyjna wykorzystuje różne techniki statystyczne i uczenia maszynowego do tworzenia modeli predykcyjnych. Modele te są w stanie przewidzieć przyszłe wyniki na podstawie danych historycznych. Na przykład model predykcyjny można zastosować do przewidywania, którzy klienci prawdopodobnie zareagują pozytywnie na określoną kampanię marketingową, jakie są szanse na rezygnację z usługi lub jakie produkty klient prawdopodobnie kupi jako następny.

Jedną z kluczowych zalet analityki predykcyjnej jest jej zdolność do pomagania firmom w podejmowaniu decyzji proaktywnych, a nie reaktywnych. Zamiast czekać na pojawienie się trendów, firmy mogą korzystać z analiz predykcyjnych, aby przewidywać zmiany rynkowe i odpowiednio dostosowywać swoje strategie. Może to prowadzić do lepszej alokacji zasobów, bardziej ukierunkowanych kampanii marketingowych i ogólnej poprawy efektywności operacyjnej.

Ponadto analityka predykcyjna odgrywa kluczową rolę w personalizacji marketingu. Rozumiejąc indywidualne zachowania i preferencje klientów, firmy mogą tworzyć spersonalizowane doświadczenia, które zwiększają zaangażowanie i lojalność klientów. Na przykład, prognozując preferencje produktowe klienta, firma może spersonalizować rekomendacje produktów, zapewniając bardziej trafne i satysfakcjonujące zakupy.

Podsumowując, podstawą analityki predykcyjnej w marketingu cyfrowym w 2024 roku jest umiejętność przekształcania dużych ilości danych w wartościowe i predykcyjne spostrzeżenia. Przewidując przyszłe trendy i rozumiejąc zachowania konsumentów, firmy mogą optymalizować swoje strategie marketingowe, zapewniać klientom spersonalizowane doświadczenia i zachować konkurencyjność na stale zmieniającym się rynku.

4.2.2 Zrozumienie zachowań konsumentów

W 2024 r. zrozumienie zachowań konsumentów stanie się podstawowym aspektem marketingu cyfrowego, umożliwiając firmom tworzenie bardziej skutecznych i spersonalizowanych strategii. Analiza zachowań konsumentów polega na dogłębnym badaniu działań, motywacji, preferencji i decyzji zakupowych klientów, wykorzystując kombinację danych ilościowych i jakościowych.

Analiza zachowań konsumentów rozpoczyna się od zebrania danych w różnych punktach kontaktu. Obejmuje to interakcje na stronach internetowych, w aplikacjach mobilnych, sieciach społecznościowych, fizycznych punktach sprzedaży i interakcjach z obsługą klienta. Dane te dostarczają cennych informacji na temat interakcji konsumentów z marką, preferowanych przez nich produktów, ścieżek, którymi podążają przed dokonaniem zakupu oraz czynników wpływających na ich decyzje zakupowe.

Korzystanie z zaawansowanych narzędzi analitycznych pozwala firmom rozszyfrować te ogromne zbiory danych w celu zidentyfikowania trendów i wzorców. Na przykład analiza strumieni kliknięć w witrynie może ujawnić kluczowe etapy, w których klienci porzucają koszyk, podczas gdy analiza interakcji w mediach społecznościowych może dostarczyć wglądu w postawy i postrzeganie marki przez konsumentów.

Oprócz danych ilościowych zrozumienie zachowań konsumentów obejmuje również analizę danych jakościowych, takich jak recenzje i opinie klientów. Te informacje jakościowe zapewniają głębszy wgląd w motywacje, potrzeby i obawy klientów, uzupełniając dane ilościowe w celu stworzenia pełnego obrazu zachowań konsumentów.

Analityka behawioralna pomaga również segmentować klientów na odrębne grupy na podstawie ich zachowań, preferencji i danych demograficznych. Ta segmentacja pozwala firmom precyzyjniej kierować swoje komunikaty marketingowe, tworząc kampanie odpowiadające konkretnym potrzebom i pragnieniom każdego segmentu.

Ponadto zrozumienie zachowań konsumentów jest niezbędne do personalizacji. Identyfikując indywidualne preferencje i zachowania zakupowe, firmy mogą personalizować swoje oferty, rekomendacje i komunikację dla każdego klienta. To spersonalizowane podejście nie tylko zwiększa skuteczność kampanii marketingowych, ale także poprawia doświadczenie klienta, wzmacniając tym samym lojalność i satysfakcję.

Podsumowując, zrozumienie zachowań konsumentów w 2024 r. ma kluczowe znaczenie dla sukcesu marketingu cyfrowego. Łącząc analizę danych ilościowych i jakościowych, firmy mogą lepiej zrozumieć swoich klientów, co umożliwi im tworzenie bardziej ukierunkowanych, spersonalizowanych i skutecznych strategii marketingowych. To podejście zorientowane na klienta jest niezbędne do budowania trwałych relacji i utrzymywania konkurencyjności na stale zmieniającym się rynku.

4.2.3 Narzędzia i techniki

W 2024 roku do przeprowadzania analiz predykcyjnych i behawioralnych w marketingu cyfrowym wykorzystywanych będzie różnorodny zakres narzędzi i technik. Te narzędzia i techniki umożliwiają przedsiębiorstwom skuteczne gromadzenie, analizowanie i interpretowanie danych w celu zrozumienia i przewidywania zachowań konsumentów.

Zaawansowane narzędzia do analizy danych stanowią serce analiz predykcyjnych i behawioralnych. Platformy takie jak Google Analytics, Adobe Analytics i inne specjalistyczne narzędzia zapewniają szczegółowy wgląd w zachowania użytkowników w Internecie.

Narzędzia te pozwalają śledzić podróże użytkowników na stronach internetowych, analizować współczynniki konwersji, mierzyć zaangażowanie na różnych stronach i rozumieć wzorce nawigacji. Oferują również zaawansowane funkcje segmentacji, dzięki czemu firmy mogą docierać do określonych grup klientów na podstawie ich zachowań.

Sztuczna inteligencja (AI) i uczenie maszynowe są również istotnymi elementami analityki predykcyjnej. Technologie te pozwalają firmom przetwarzać duże ilości danych i identyfikować złożone wzorce, które trudno byłoby wykryć ręcznie. Na przykład algorytmy uczenia maszynowego mogą przewidywać przyszłe zachowania klientów, takie jak prawdopodobieństwo zakupu lub rezygnacji, na podstawie danych historycznych.

Narzędzia do zarządzania relacjami z klientami (CRM) odgrywają kluczową rolę w analizie zachowań. Systemy te pomagają firmom gromadzić i zarządzać szczegółowymi informacjami o swoich klientach, w tym przeszłymi interakcjami, preferencjami i historią zakupów. Integrując dane CRM z narzędziami analitycznymi, firmy mogą uzyskać 360-stopniowy obraz swoich klientów, co jest niezbędne do skutecznej personalizacji.

Platformy mediów społecznościowych i narzędzia do analityki mediów społecznościowych również dostarczają cennych danych do analizy behawioralnej. Narzędzia te pozwalają firmom monitorować wzmianki o marce, analizować nastroje użytkowników i śledzić trendy w mediach społecznościowych. Te spostrzeżenia pomagają firmom zrozumieć postawy i postrzeganie konsumentów w stosunku do ich marki i produktów.

Wreszcie, techniki wizualizacji danych służą do przedstawienia wyników analizy w zrozumiały i praktyczny sposób. Narzędzia takie jak Tableau, Qlik czy Microsoft Power BI umożliwiają firmom tworzenie interaktywnych dashboardów i raportów wizualnych, ułatwiając interpretację danych i podejmowanie decyzji opartych na danych.

Podsumowując, narzędzia i techniki analityki predykcyjnej i behawioralnej w 2024 r. będą różnorodne i wyrafinowane, począwszy od analityki danych i narzędzi CRM, po sztuczną inteligencję i uczenie maszynowe, narzędzia mediów społecznościowych i wizualizację danych. Efektywne wykorzystanie tych narzędzi pozwala firmom dogłębnie zrozumieć swoich klientów, przewidzieć przyszłe trendy i stworzyć bardziej ukierunkowane i spersonalizowane strategie marketingowe.

4.2.4 Studia przypadków

W 2024 r. kilka studiów przypadków ilustruje znaczący wpływ analityki predykcyjnej i behawioralnej w marketingu cyfrowym, pokazując, w jaki sposób różne firmy wykorzystywały te podejścia, aby poprawić zrozumienie konsumentów i zoptymalizować swoje strategie marketingowe.

Godnym uwagi przykładem jest duża firma zajmująca się handlem elektronicznym, która wykorzystała analitykę predykcyjną do personalizacji rekomendacji produktów dla swoich klientów. Analizując historyczne dane dotyczące zakupów, preferencje przeglądania i interakcje użytkowników z produktami, firmie udało się stworzyć algorytmy uczenia maszynowego, aby przewidzieć, które produkty będą najciekawsze dla każdego klienta. To spersonalizowane podejście nie tylko zwiększyło współczynniki konwersji, ale także poprawiło doświadczenia zakupowe klientów, wzmacniając w ten sposób ich lojalność wobec marki.

W branży usług finansowych jeden bank wdrożył techniki analizy behawioralnej w celu wykrywania oszustw i zapobiegania im. Analizując wzorce transakcji klientów i zachowania przeglądania stron, bank był w stanie zidentyfikować podejrzane działania, które odbiegały od normalnych zachowań klientów. To proaktywne wykrywanie oszustw pomogło bankowi chronić swoich klientów i ograniczyć straty finansowe wynikające z nieuczciwych działań.

Inne studium przypadku dotyczy firmy

telekomunikacyjnej, która wykorzystała analitykę predykcyjną w celu ograniczenia utraty klientów. Analizując dane klientów, takie jak korzystanie z usług, interakcje z obsługą klienta i przyczyny reklamacji, firmie udało się zidentyfikować klientów zagrożonych odejściem. Kierując do tych klientów spersonalizowane oferty i proaktywne interwencje, firmie udało się poprawić zadowolenie klientów i znacznie zmniejszyć współczynnik rezygnacji.

W dziedzinie zdrowia firma farmaceutyczna wykorzystała analizę behawioralną do optymalizacji swoich kampanii uświadamiających. Analizując dane dotyczące nawyków wyszukiwania w Internecie i interakcji w mediach społecznościowych, firmie udało się zidentyfikować grupy pacjentów, które najprawdopodobniej będą zainteresowane jej lekami. Ukierunkowane kampanie nie tylko poprawiły skuteczność działań marketingowych, ale także pomogły pacjentom szybciej uzyskać dostęp do potrzebnych informacji i leczenia.

Wreszcie firma z branży rozrywkowej wykorzystała analitykę predykcyjną do optymalizacji programowania treści. Analizując dane dotyczące oglądalności, preferencje użytkowników i trendy rynkowe, firma była w stanie przewidzieć, które gatunki treści będą najpopularniejsze i odpowiednio zaplanować swoje programy. Ta strategia oparta na danych pozwoliła firmie przyciągnąć i utrzymać szerszą publiczność, zwiększając w ten sposób jej sukces i rentowność.

Te studia przypadków pokazują, jak można zastosować analitykę predykcyjną i behawioralną w różnych branżach, aby poprawić zrozumienie konsumentów, zoptymalizować strategie marketingowe i poprawić wyniki biznesowe. Wykorzystując moc danych, firmy mogą podejmować bardziej świadome decyzje, zapewniać klientom spersonalizowaną obsługę i zachować konkurencyjność w stale zmieniającym się środowisku biznesowym.

4.3 Narzędzia analizy i interpretacji danych

4.3.1 Przegląd narzędzi analitycznych

W 2024 r. zakres narzędzi do analizy i interpretacji danych dostępnych w marketingu cyfrowym jest szerszy i bardziej wyrafinowany niż kiedykolwiek. Narzędzia te odgrywają kluczową rolę, pomagając firmom przekształcać ogromne ilości zgromadzonych danych w przydatne i strategiczne spostrzeżenia. Różnią się złożonością i funkcjonalnością, od podstawowych rozwiązań do analizy danych po zaawansowane platformy integrujące sztuczną inteligencję i uczenie maszynowe.

Narzędzia do analizy sieci, takie jak Google Analytics, pozostają niezbędne do monitorowania i analizowania ruchu w sieci. Dostarczają szczegółowych informacji o zachowaniach użytkowników na stronach internetowych, w tym o odwiedzanych stronach, czasie trwania sesji, współczynnikach odrzuceń i ścieżkach konwersji. Narzędzia te są niezbędne do zrozumienia, w jaki sposób użytkownicy wchodzą w interakcję ze stroną internetową oraz do zidentyfikowania możliwości optymalizacji w celu poprawy doświadczenia użytkownika i zwiększenia liczby konwersji.

W przypadku analityki mediów społecznościowych narzędzia takie jak Hootsuite, Sprout Social i Buffer oferują funkcje śledzenia i analizowania wydajności na różnych platformach mediów społecznościowych. Narzędzia te pozwalają firmom monitorować wzmianki o marce, analizować zaangażowanie użytkowników, śledzić wzrost liczby obserwujących i mierzyć skuteczność kampanii w mediach społecznościowych. Są kluczowe przy dostosowaniu strategii treści i zaangażowania w mediach społecznościowych.

Zaawansowane platformy analizy danych, takie jak Tableau, Qlik i Microsoft Power BI, umożliwiają głębszą wizualizację i analizę danych. Narzędzia te zapewniają zaawansowane możliwości wizualizacji danych, umożliwiając firmom tworzenie interaktywnych pulpitów nawigacyjnych i niestandardowych raportów. Są szczególnie przydatne przy analizach wielowymiarowych i uzyskiwaniu wniosków z dużych ilości danych.

Integracja sztucznej inteligencji i uczenia maszynowego z narzędziami analitycznymi również otworzyła nowe możliwości. Platformy takie jak IBM Watson i Salesforce Einstein zapewniają analitykę predykcyjną i możliwości przetwarzania języka naturalnego, umożliwiając firmom przewidywanie przyszłych trendów, analizowanie nastrojów klientów i automatyzację złożonych zadań analitycznych. Narzędzia te są szczególnie cenne dla firm, które chcą wykorzystać potencjał Big Data i uzyskać głębsze, bardziej szczegółowe informacje.

Wreszcie narzędzia do zarządzania relacjami z klientami (CRM) z funkcjami analitycznymi, takie jak Salesforce lub HubSpot, pozwalają firmom łączyć dane dotyczące sprzedaży, marketingu i obsługi klienta, aby uzyskać kompleksowy obraz interakcji z klientami. Systemy te pomagają śledzić podróż klienta, segmentować klientów i personalizować interakcje, odgrywając kluczową rolę w poprawie jakości obsługi klienta i zwiększeniu lojalności wobec marki.

Podsumowując, przegląd narzędzi analitycznych w 2024 roku ukazuje bogaty i zróżnicowany krajobraz, zapewniający przedsiębiorstwom wiele możliwości analizy i interpretacji danych. Wybór i efektywne wykorzystanie tych narzędzi ma kluczowe znaczenie dla firm, które chcą jak najlepiej wykorzystać swoje dane i podejmować świadome decyzje marketingowe w stale zmieniającym się środowisku biznesowym.

4.3.2 Interpretacja danych

W 2024 r. interpretacja danych w marketingu cyfrowym stanie się niezbędną umiejętnością, umożliwiającą firmom przekształcanie ogromnych ilości surowych danych w strategiczne i praktyczne spostrzeżenia. Interpretacja danych wykracza poza proste gromadzenie i analizę; obejmuje zrozumienie kontekstu, wnioskowanie o znaczeniach i wyciąganie odpowiednich wniosków, które mogą kierować decyzjami marketingowymi.

Skuteczna interpretacja danych zaczyna się od jasnego zrozumienia celów biznesowych i marketingowych. Przed przystąpieniem do analizy ważne jest zdefiniowanie, co firma chce zrozumieć lub osiągnąć. Może to obejmować identyfikację nowych segmentów rynku, poprawę obsługi klienta, zwiększenie współczynników konwersji lub zrozumienie przyczyn spadku sprzedaży. Posiadanie jasnych celów pomaga kierować analizą i zapewnia, że uzyskane spostrzeżenia są istotne i przydatne.

Po określeniu celów kolejnym krokiem jest analiza danych z uwzględnieniem konkretnego kontekstu firmy i rynku. Wymaga to spojrzenia poza liczby i zrozumienia czynników, które mogą mieć wpływ na wyniki. Na przykład spadek sprzedaży w określonym regionie może być spowodowany czynnikami zewnętrznymi, takimi jak zmiany gospodarcze lub trendy konkurencyjne, a nie problemami wewnętrznymi.

Interpretacja danych wymaga również krytycznego i analitycznego podejścia. Firmy muszą być w stanie odróżnić korelację od związku przyczynowego i mieć świadomość potencjalnych błędów w danych. Na przykład wzrost ruchu na stronie internetowej nie musi oznaczać wzrostu zainteresowania produktami; może to być również wynikiem czynników sezonowych lub ostatnich kampanii marketingowych.

Korzystanie z wizualizacji danych jest potężnym narzędziem w interpretacji danych. Wykresy, pulpity nawigacyjne i mapy cieplne mogą pomóc w prezentowaniu danych w sposób ułatwiający identyfikację trendów, wzorców i anomalii. Skuteczna wizualizacja sprawia, że dane są bardziej dostępne i zrozumiałe, ułatwiając podejmowanie decyzji w oparciu o dane.

Wreszcie interpretacja danych musi przełożyć się na konkretne działania. Wnioski uzyskane z danych należy wykorzystywać do opracowywania strategii marketingowych, wprowadzania zmian w produktach lub usługach lub do ulepszania procesów biznesowych. Na przykład, jeśli analiza wykaże, że określone produkty cieszą się szczególną popularnością w danym segmencie klientów, firma może zdecydować o skoncentrowaniu swoich działań marketingowych na tym segmencie lub rozszerzeniu linii produktów w tej kategorii.

Podsumowując, interpretacja danych w 2024 roku to złożony proces, który wymaga jasnego zrozumienia celów, analizy kontekstowej, krytycznego myślenia, skutecznej wizualizacji danych i przełożenia spostrzeżeń na działania. Firmy, które opanowują sztukę interpretacji danych, są lepiej przygotowane do poruszania się w dynamicznym krajobrazie marketingu cyfrowego, skutecznie zaspokajają potrzeby klientów i pozostają konkurencyjne w stale zmieniającym się środowisku biznesowym.

4.3.3 Wizualizacja danych

W 2024 r. wizualizacja danych stanie się kluczową częścią marketingu cyfrowego, odgrywając kluczową rolę w rozumieniu i przekazywaniu przez firmy wniosków płynących z analiz. Wizualizacja danych przekształca złożone zestawy danych w jasne, zrozumiałe reprezentacje graficzne, ułatwiając interpretację i podejmowanie decyzji.

Wizualizacja danych pomaga przedstawić złożone informacje w intuicyjny i angażujący sposób. Wykresy, wykresy, mapy cieplne i infografiki przekształcają surowe liczby w łatwo przyswajalne wizualizacje. Na przykład interaktywny pulpit nawigacyjny może wyświetlać skuteczność kampanii marketingowej za pomocą serii wykresów, umożliwiając marketerom szybką ocenę, które aspekty kampanii działają dobrze, a które wymagają korekty.

Jedną z głównych zalet wizualizacji danych jest możliwość ujawnienia trendów i wzorców, które mogą pozostać niezauważone w tabelach z surowymi danymi. Na przykład wizualizacja może uwydatnić sezonowe trendy w zachowaniach zakupowych konsumentów lub pokazać korelacje między określonymi działaniami marketingowymi a skokami sprzedaży. Te spostrzeżenia mogą pomóc firmom zoptymalizować strategie marketingowe i skuteczniej ukierunkować swoje wysiłki.

Wizualizacja danych jest również niezbędna do przekazywania złożonych spostrzeżeń interesariuszom, którzy mogą nie mieć wiedzy specjalistycznej w zakresie analizy danych. Przejrzysta, atrakcyjna grafika może sprawić, że dane będą bardziej dostępne dla zespołów wielofunkcyjnych, kierownictwa, a nawet klientów zewnętrznych. Prezentując dane w zrozumiały sposób, firmy mogą ułatwić bardziej produktywne dyskusje i podejmowanie świadomych decyzji.

Nowoczesne narzędzia do wizualizacji danych oferują dużą elastyczność i interaktywność. Platformy takie jak Tableau, Microsoft Power BI i Qlik Sense umożliwiają użytkownikom tworzenie niestandardowych wizualizacji dostosowanych do ich konkretnych potrzeb. Narzędzia te oferują takie funkcje, jak interaktywne filtrowanie, analizy w czasie rzeczywistym i możliwość eksplorowania danych na różnych poziomach szczegółowości.

Dodatkowo wizualizacja danych odgrywa ważną rolę w wykrywaniu anomalii i potencjalnych problemów. Wizualizacja danych pozwala firmom szybko zidentyfikować odchylenia od normalnych trendów, które mogą być oznaką problemów leżących u podstaw strategii marketingowych lub operacji biznesowych. To wczesne wykrywanie pozwala firmom podjąć działania naprawcze, zanim problemy staną się poważniejsze.

Podsumowując, wizualizacja danych w 2024 roku jest niezbędnym aspektem analizy danych w marketingu cyfrowym. Nie tylko upraszcza i wyjaśnia interpretację danych, ale także skutecznie przekazuje złożone spostrzeżenia, ujawnia ważne trendy i wzorce oraz ułatwia podejmowanie decyzji w oparciu o dane. W świecie, w którym danych jest coraz więcej i są coraz bardziej złożone, skuteczna wizualizacja danych jest niezbędna, aby przekształcić spostrzeżenia w strategiczne działania.

4.3.4 Integracja spostrzeżeń ze strategią

W 2024 r. integrowanie wniosków wynikających z analizy danych ze strategią marketingową stanie się niezbędną praktyką dla firm, które chcą zachować konkurencyjność w stale zmieniającym się środowisku cyfrowym. Integracja ta pozwala firmom podejmować świadome decyzje, optymalizować kampanie i skuteczniej reagować na potrzeby i oczekiwania konsumentów.

Włączanie spostrzeżeń do strategii marketingowej rozpoczyna się od głębokiego zrozumienia zebranych i przeanalizowanych danych. Statystyki mogą ujawnić informacje na temat preferencji konsumentów, efektywności kanałów marketingowych, trendów rynkowych i zachowań zakupowych. Aby te spostrzeżenia były przydatne, muszą być istotne, wiarygodne i przydatne. Wiąże się to nie tylko z posiadaniem zaawansowanych narzędzi analitycznych, ale także zespołem potrafiącym poprawnie zinterpretować dane.

Następnym krokiem po uzyskaniu spostrzeżeń jest włączenie ich do planowania i realizacji strategii marketingowych. Może to obejmować dostosowywanie kampanii reklamowych, personalizację ofert dla różnych segmentów klientów lub modyfikację produktów i usług, aby lepiej odpowiadały potrzebom rynku. Przykładowo, jeśli dane wskazują na duże zapotrzebowanie na dany rodzaj produktu, firma może zwiększyć produkcję tego produktu lub opracować dodatkowe warianty.

Włączenie spostrzeżeń do strategii marketingowej również wymaga elastycznego i responsywnego podejścia. Rynek i zachowania konsumentów zmieniają się szybko, a firmy muszą być przygotowane na dostosowanie swoich strategii w oparciu o nowe informacje. Może to obejmować testowanie różnych podejść, mierzenie wyników i wprowadzanie szybkich korekt w celu optymalizacji wydajności.

Współpraca międzyfunkcyjna jest niezbędna do skutecznego integrowania spostrzeżeń ze strategią marketingową. Zespoły marketingu, sprzedaży, produktu i obsługi klienta muszą współpracować, aby zapewnić spójną wymianę i wykorzystanie spostrzeżeń w całej organizacji. Współpraca ta gwarantuje, że wszystkie decyzje będą podejmowane z pełnym uwzględnieniem klienta i rynku.

Wreszcie, włączanie spostrzeżeń do strategii marketingowej powinno być procesem ciągłym. Firmy muszą ustanowić mechanizmy ciągłego monitorowania wyników, gromadzenia nowych danych i odpowiedniego dostosowywania swoich strategii. Obejmuje to nie tylko śledzenie wskaźników KPI i wskaźników wydajności, ale także śledzenie zmian w preferencjach konsumentów i dynamice rynku.

Podsumowując, włączenie wniosków wynikających z analizy danych do strategii marketingowej na rok 2024 jest kluczowym aspektem sukcesu biznesowego. Wykorzystując dane do podejmowania decyzji, zachowując elastyczność i responsywność oraz wspierając współpracę międzyfunkcyjną, firmy mogą tworzyć bardziej ukierunkowane, spersonalizowane i skuteczne strategie marketingowe, wzmacniając swoją pozycję rynkową i poprawiając jakość obsługi klienta.

WNIOSEK

„Ciągłe ponowne ocenianie swoich przekonań jest niezbędne dla innowacji".

Elona Muska

Podsumowanie kluczowych trendów

Podsumowując, rok 2024 upłynie pod znakiem kilku kluczowych trendów w obszarze marketingu cyfrowego, odzwierciedlających szybką ewolucję technologii i zachowań konsumenckich. Trendy te ukształtowały sposób, w jaki firmy podchodzą do marketingu i interakcji z odbiorcami.

Po pierwsze, niezaprzeczalne jest rosnące znaczenie Big Data w marketingu cyfrowym. Firmy przyjęły wyrafinowane strategie gromadzenia, analizowania i wykorzystywania dużych ilości danych w celu lepszego zrozumienia i zaspokojenia potrzeb swoich klientów. Analiza tych danych umożliwiła dalszą personalizację kampanii marketingowych, dokładniejszą segmentację rynku i lepsze zrozumienie ścieżki klienta.

Po drugie, w centrum uwagi znalazły się analizy predykcyjne i behawioralne, które pozwalają firmom nie tylko zrozumieć przeszłe i obecne działania konsumentów, ale także przewidywać przyszłe trendy. Takie podejście pozwoliło firmom na bardziej proaktywną strategię marketingową, przewidywanie potrzeb klientów i odpowiednie dostosowywanie oferty.

Technologia Blockchain okazała się również potężnym narzędziem zwiększającym przejrzystość i bezpieczeństwo w marketingu cyfrowym. Jego zastosowanie w identyfikowalności produktów, zarządzaniu programami lojalnościowymi i reklamie cyfrowej pomogło zbudować zaufanie konsumentów i poprawić skuteczność kampanii marketingowych. Ponadto integracja technologii rzeczywistości rozszerzonej (AR) i rzeczywistości wirtualnej (VR) otworzyła nowe możliwości tworzenia wciągających i interaktywnych doświadczeń klientów. Technologie te umożliwiły markom wyróżnienie się poprzez oferowanie wyjątkowych i zapadających w pamięć doświadczeń, wzmacniając w ten sposób zaangażowanie i lojalność klientów.

Zastosowanie narzędzi do analizy i wizualizacji danych odegrało kluczową rolę w interpretacji i przekazywaniu spostrzeżeń. Narzędzia te umożliwiły przedsiębiorstwom przekształcanie złożonych danych w zrozumiałe i przydatne wnioski, ułatwiając podejmowanie decyzji w oparciu o dane.

Wreszcie, włączenie spostrzeżeń do strategii marketingowej było niezbędne do osiągnięcia sukcesu w biznesie. Wykorzystując dane do podejmowania decyzji, firmy mogły tworzyć bardziej ukierunkowane, spersonalizowane i skuteczne strategie marketingowe.

Te kluczowe trendy na rok 2024 pokazują rosnące znaczenie analityki danych, technologii i personalizacji w marketingu cyfrowym. Firmy, które przyjęły i uwzględniły te trendy w swoich strategiach marketingowych, nie tylko poprawiły swoje relacje z klientami, ale także wzmocniły swoją pozycję na coraz bardziej konkurencyjnym rynku.

Wskazówki, jak być na bieżąco

Aby w roku 2024 być na bieżąco w stale zmieniającej się dziedzinie marketingu cyfrowego, profesjonaliści i firmy muszą stosować proaktywne i świadome podejście. Oto kilka kluczowych wskazówek, jak pozostać w czołówce tej dynamicznej branży.

Przede wszystkim istotne jest ciągłe kształcenie. Krajobraz marketingu cyfrowego szybko ewoluuje wraz z wprowadzeniem nowych technologii i strategii. Dlatego specjaliści muszą angażować się w ciągłe kształcenie, aby być na bieżąco z najnowszymi trendami, narzędziami i najlepszymi praktykami. Może to obejmować udział w webinarach, konferencjach, warsztatach lub wzięcie udziału w kursach online na odpowiednie tematy, takie jak analiza danych, sztuczna inteligencja w marketingu czy najnowsze trendy w mediach społecznościowych.

Po drugie, ważne jest, aby praktykować aktywny monitoring technologiczny i rynkowy. Oznacza to śledzenie publikacji branżowych, blogów, podcastów i influencerów, którzy dzielą się spostrzeżeniami na temat najnowszych osiągnięć w marketingu cyfrowym. Subskrybowanie odpowiednich biuletynów, śledzenie liderów myśli w mediach społecznościowych i uczestnictwo w profesjonalnych grupach internetowych może dostarczyć cennych informacji i aktualnych perspektyw.

Ważną rolę odgrywa także współpraca i tworzenie sieci kontaktów. Kontakt z rówieśnikami, ekspertami branżowymi i specjalistami z innych sektorów może zaoferować nowe pomysły i perspektywy. Uczestnictwo w wydarzeniach branżowych, forach internetowych i grupach dyskusyjnych może pomóc w utrzymaniu kontaktu z aktualnymi trendami oraz wymianie doświadczeń i wiedzy.

Niezbędne jest także eksperymentowanie z nowymi technologiami i strategiami. Firmy muszą chcieć testować i wdrażać nowe podejścia do swoich strategii marketingowych. Może to obejmować eksperymentowanie z kampaniami w rzeczywistości rozszerzonej, przyjęcie narzędzi analizy predykcyjnej lub odkrywanie nowych kanałów mediów społecznościowych. Eksperymentowanie pozwala nie tylko zrozumieć, co działa najlepiej, ale także wprowadzać innowacje i wyróżniać się na konkurencyjnym rynku.

Wreszcie, ważne jest, aby pozostać skoncentrowanym na kliencie. Pomimo szybkiej ewolucji technologii i narzędzi, głównym celem marketingu cyfrowego pozostaje zaspokajanie potrzeb i oczekiwań klientów. Firmy muszą zatem w dalszym ciągu słuchać swoich klientów, zbierać opinie i dostosowywać swoje strategie, aby zapewniać klientom wyjątkowe doświadczenia.

Podsumowując, aby być na bieżąco z marketingiem cyfrowym w 2024 r., konieczne jest ciągłe uczenie się, aktywne monitorowanie, współpraca i tworzenie sieci kontaktów ze specjalistami z branży, eksperymentowanie z nowymi technologiami i strategiami oraz pozostawanie skoncentrowanym na kliencie. Przyjmując takie podejście, specjaliści i przedsiębiorstwa mogą nie tylko dotrzymać kroku szybkim zmianom, ale także skorzystać z pojawiających się możliwości w tej dynamicznej dziedzinie.

Przyszła wizja marketingu

cyfrowego

Kiedy przewidujemy przyszłość marketingu cyfrowego po roku 2024, kilka trendów i zmian obiecuje znacząco ukształtować krajobraz tej branży. Ciągła konwergencja technologii, danych i kreatywności może stworzyć nowe możliwości i wyzwania dla marketerów.

Jednym z najważniejszych trendów jest ciągły rozwój sztucznej inteligencji (AI) i uczenia maszynowego. Oczekuje się, że technologie te staną się jeszcze bardziej wyrafinowane, umożliwiając jeszcze większą personalizację i automatyzację kampanii marketingowych. Sztuczna inteligencja może pomóc w tworzeniu hiperspersonalizowanych doświadczeń klientów, w których wiadomości i oferty są dostosowywane w czasie rzeczywistym w oparciu o zachowania i preferencje każdej osoby. Ponadto sztuczna inteligencja może odegrać kluczową rolę w analizach predykcyjnych, pomagając firmom przewidywać potrzeby klientów, zanim w ogóle się pojawią.

Oczekuje się, że rzeczywistość rozszerzona (AR) i rzeczywistość wirtualna (VR) będą w dalszym ciągu zmieniać doświadczenia klientów. Technologie te mogą stać się głównymi narzędziami angażowania konsumentów, zapewniając wciągające i interaktywne doświadczenia wykraczające poza tradycyjne ekrany. Marki mogą wykorzystywać AR i

VR do dostarczania wirtualnych doświadczeń zakupowych, interaktywnych demonstracji produktów, a nawet do tworzenia w pełni wciągających światów marek.

Prywatność i etyka danych pozostaną głównymi obszarami zainteresowania. Dzięki zwiększonemu gromadzeniu danych firmy będą musiały poruszać się w stale zmieniającym się otoczeniu regulacyjnym, zachowując jednocześnie zaufanie konsumentów. Marki, które skutecznie równoważą innowacje z odpowiedzialnością za dane, zdobędą zaufanie i lojalność swoich klientów.

W przyszłości marketingu cyfrowego będzie także głębsza integracja kanałów online i offline. Marketing omnichannel, który zapewnia płynną i spójną obsługę klienta we wszystkich kanałach, stanie się normą. Firmy będą korzystać ze zintegrowanych danych, aby zapewniać płynne doświadczenia, niezależnie od tego, czy klienci wchodzą w interakcję online, za pośrednictwem aplikacji mobilnych czy w sklepie.

Wreszcie ciągłe innowacje w kanałach komunikacji i platformach mediów społecznościowych otworzą nowe możliwości zaangażowania konsumentów. Mogą pojawić się nowe platformy oferujące unikalne i innowacyjne sposoby łączenia marek z odbiorcami. Firmy będą musiały zachować elastyczność i gotowość do eksploracji nowych kanałów, aby pozostać istotnymi dla swoich odbiorców.

Podsumowując, przyszła wizja marketingu cyfrowego charakteryzuje się szybkimi innowacjami technologicznymi, zwiększoną personalizacją, ponownym zwracaniem uwagi na prywatność i etykę, integracją wielokanałową i pojawieniem się nowych kanałów komunikacji. Firmy, które przyjmą te zmiany i odpowiednio dostosują swoje strategie, będą dobrze przygotowane do odniesienia sukcesu w tym dynamicznym i stale zmieniającym się krajobrazie.

ZAŁĄCZNIKI

Glosariusz terminów technicznych

W stale zmieniającej się dziedzinie marketingu cyfrowego znajomość żargonu technicznego jest niezbędna. Oto słownik terminów technicznych często używanych w marketingu cyfrowym w 2024 roku:

1. **Big Data** : Zbiór niezwykle dużych i złożonych danych, których nie można efektywnie przetwarzać tradycyjnymi metodami przetwarzania danych. Big Data ma kluczowe znaczenie w analizie trendów i zachowań w marketingu cyfrowym.

2. **Blockchain** : technologia księgi rozproszonej, która umożliwia bezpieczne i przejrzyste przechowywanie danych. W marketingu służy do śledzenia produktów, zarządzania programami lojalnościowymi i reklamy cyfrowej.

3. **Chatbot** : program komputerowy

wykorzystujący sztuczną inteligencję do symulacji rozmowy z człowiekiem, często używany w obsłudze klienta i automatycznych interakcjach na stronach internetowych i aplikacjach.

4. **Marketing treści** : strategia marketingowa skupiająca się na tworzeniu i dystrybucji odpowiednich i wartościowych treści w celu przyciągnięcia i zaangażowania docelowych odbiorców.

5. **Optymalizacja współczynnika konwersji (CRO)** : Proces optymalizacji witryn internetowych i stron docelowych w celu zwiększenia odsetka odwiedzających, którzy podejmują pożądane działanie.

6. **Zarządzanie relacjami z klientami (CRM)** : System używany do zarządzania interakcjami i relacjami z klientami, centralizujący informacje o klientach, sprzedaży i usługach.

7. **Eksploracja danych** : proces analizowania dużych ilości danych w celu odkrycia ukrytych wzorców i zależności.

8. **Marketing przychodzący** : podejście marketingowe, którego celem jest przyciągnięcie klientów poprzez tworzenie przydatnych treści i

dostosowanych do ich potrzeb doświadczeń.

9. **Uczenie maszynowe** : gałąź sztucznej inteligencji, która umożliwia systemom uczenie się i doskonalenie na podstawie doświadczenia bez konieczności bezpośredniego programowania.

10. **Reklama programowalna** : Używanie zautomatyzowanego oprogramowania do zakupu i optymalizacji miejsc reklamowych w czasie rzeczywistym.

11. **Optymalizacja pod kątem wyszukiwarek (SEO)** : Proces optymalizacji witryny internetowej w celu poprawy jej pozycji w wynikach wyszukiwania.

12. **Marketing w mediach społecznościowych** : korzystanie z platform mediów społecznościowych w celu promowania produktu lub usługi.

13. **Doświadczenie użytkownika (UX)** : wszystkie interakcje i doświadczenia użytkownika z produktem lub usługą cyfrową.

14. **Rzeczywistość wirtualna (VR)** : Technologia tworząca symulowane środowisko, umożliwiające użytkownikom zanurzenie się w wirtualnym świecie i interakcję z nim.

15. **Analityka internetowa** : proces gromadzenia, analizowania i raportowania danych o ruchu internetowym w celu zrozumienia i optymalizacji korzystania z Internetu.

Glosariusz ten stanowi podstawę do zrozumienia terminów technicznych powszechnie używanych w marketingu cyfrowym, umożliwiając profesjonalistom i studentom lepsze poruszanie się po tej złożonej i stale zmieniającej się dziedzinie.

Dogłębne studia przypadków

1. Rewolucja w handlu elektronicznym w Luxomoda: integracja sztucznej inteligencji w celu spersonalizowania obsługi klienta

Kontekst: Luxomoda, marka luksusowa, stanęła w obliczu coraz bardziej konkurencyjnego rynku i wysokich oczekiwań klientów w zakresie personalizacji. Aby zachować konkurencyjność i poprawić jakość obsługi klientów, Luxomoda zdecydowała się zintegrować sztuczną inteligencję (AI) ze swoją platformą e-commerce.

Cel: Głównym celem Luxomody było stworzenie wysoce spersonalizowanego doświadczenia zakupów online dla każdego klienta, wykorzystując sztuczną inteligencję do analizy danych klientów i zapewniania dostosowanych rekomendacji produktów, sugestii dotyczących stylu oraz lepszej obsługi klienta.

Wdrożenie: Luxomoda współpracowała z wiodącą firmą technologiczną w celu zintegrowania zaawansowanych algorytmów AI ze swoją stroną internetową i aplikacją mobilną. Algorytmy te miały na celu poznanie zachowań zakupowych, preferencji i interakcji klientów z witryną.

1. **Spersonalizowane rekomendacje:** sztuczna inteligencja analizowała historię zakupów, kliknięcia w witrynie i preferencje dotyczące stylu, aby polecić konkretne produkty każdemu klientowi. Obejmowało to sugestie dotyczące sfinalizowania zakupu lub odkrycia nowych przedmiotów pasujących do stylu klienta.

2. **Wirtualny asystent stylu:** Luxomoda wprowadziła chatbota opartego na sztucznej inteligencji, pełniącego funkcję osobistego asystenta stylu, oferującego porady dotyczące mody i odpowiadającego na pytania klientów w czasie rzeczywistym.

3. **Analityka predykcyjna:** sztuczna inteligencja została również

wykorzystana do przewidywania trendów w modzie i preferencji klientów, dzięki czemu Luxomoda może magazynować produkty, które mogą okazać się wielkim hitem.

Wyniki: Integracja AI zmieniła doświadczenia zakupowe w Luxomoda:

- **Zwiększona sprzedaż:** Spersonalizowane rekomendacje doprowadziły do znacznego wzrostu współczynników konwersji i średniej wartości zamówienia.

- **Lepsze zaangażowanie klientów:** wirtualny asystent stylu poprawił zaangażowanie klientów, zapewniając interaktywne i spersonalizowane doświadczenia zakupowe.

- **Zoptymalizowane zarządzanie zapasami:** Analiza predykcyjna umożliwiła firmie Luxomoda lepsze zarządzanie zapasami, ograniczając nadwyżki i wyczerpania zapasów.

- **Większe zadowolenie klientów:** opinie klientów były niezwykle pozytywne, co skutkowało zauważalnym wzrostem zadowolenia klientów i lojalności wobec marki.

Wniosek: Studium przypadku Luxomody pokazuje potężny wpływ sztucznej inteligencji na personalizację zakupów online. Wdrażając innowacyjne technologie, Luxomoda nie tylko poprawiła swoje wyniki biznesowe, ale także ustanowiła nowy standard w zakresie obsługi klienta w sektorze luksusowym.

2. Strategia omnichannel firmy Biotec Pharma: wykorzystanie nauki o danych do transformacji podróży klienta w sektorze farmaceutycznym

Kontekst: Biotec Pharma, wiodąca firma w sektorze farmaceutycznym, zidentyfikowała potrzebę poprawy doświadczeń swoich klientów poprzez integrację strategii omnichannel. W obliczu coraz bardziej zdigitalizowanego rynku i klientów poszukujących płynnych i spersonalizowanych interakcji, Biotec Pharma zdecydowała się wykorzystać analizę danych, aby zmienić swoją podróż klienta.

Cel: Celem firmy Biotec Pharma było stworzenie spójnej i spersonalizowanej obsługi klienta we wszystkich kanałach – online, mobilnym i w sklepie – przy użyciu danych w celu zrozumienia i przewidywania potrzeb klientów.

Wdrożenie: Aby osiągnąć ten cel, Biotec Pharma wdrożyła kilka kluczowych inicjatyw:

1. **Integracja danych:** Biotec Pharma skonsolidowała dane klientów z różnych źródeł, w tym z interakcji online, zakupów w sklepach i odpowiedzi na

kampanie marketingowe. Celem było stworzenie 360-stopniowego widoku każdego klienta.

2. **Analityka predykcyjna:** korzystając z zaawansowanych technik analityki danych, firma przeanalizowała te dane, aby zidentyfikować wzorce zachowań, przewidzieć potrzeby klientów i personalizować interakcje.

3. **Personalizacja wielokanałowa:** Na podstawie tych analiz Biotec Pharma spersonalizowała obsługę klienta we wszystkich kanałach. Obejmowały one spersonalizowane rekomendacje produktów na stronie internetowej, odpowiednie powiadomienia mobilne oraz spersonalizowaną obsługę klienta w sklepie.

4. **Platforma zarządzania relacjami z klientami (CRM):** Wdrożono zaawansowaną platformę CRM w celu zarządzania interakcjami z klientami w spójny i zintegrowany sposób we wszystkich kanałach.

Wyniki: Strategia omnichannel firmy Biotec Pharma przyniosła kilka pozytywnych rezultatów:

- **Lepsza obsługa klienta:** Klienci skorzystali z płynniejszej i bardziej spersonalizowanej obsługi, zwiększając ich satysfakcję i lojalność wobec marki.

- **Zwiększona sprzedaż:** personalizacja oparta na danych doprowadziła do wzrostu sprzedaży, zarówno online, jak i w sklepie.

- **Lepsze zrozumienie klientów:** Analiza danych umożliwiła Biotec Pharma lepsze zrozumienie potrzeb i preferencji swoich klientów, usprawniając w ten sposób proces podejmowania decyzji w zakresie rozwoju produktów i marketingu.

- **Efektywność operacyjna:** Integracja danych w różnych kanałach poprawiła efektywność operacyjną, redukując powielanie i optymalizując zasoby marketingowe.

Wniosek: Studium przypadku Biotec Pharma ilustruje znaczenie zintegrowanej strategii omnichannel w sektorze farmaceutycznym. Wykorzystując siłę analityki danych, Biotec Pharma nie tylko poprawiła jakość obsługi klientów, ale także wzmocniła swoją pozycję na rynku. To podejście skupiające się na danych i skupiające się przede wszystkim na kliencie jest modelem dla innych firm, które chcą przekształcić swoją podróż klienta w coraz bardziej zdigitalizowanym środowisku biznesowym.

3. Innowacje w zakresie rzeczywistości rozszerzonej w HomeSpace: nowa definicja

zakupów mebli w Internecie

Tło: HomeSpace, firma zajmująca się internetową sprzedażą mebli, dostrzegła szansę na poprawę doświadczeń zakupowych swoich klientów poprzez integrację rzeczywistości rozszerzonej (AR) z procesem sprzedaży. W obliczu trudności, jakie napotykają klienci w wizualizacji mebli we własnej przestrzeni, HomeSpace postanowiło wykorzystać AR, aby zaoferować innowacyjne rozwiązanie.

Cel: Głównym celem HomeSpace było zapewnienie wciągających i interaktywnych doświadczeń zakupowych, które umożliwią klientom oglądanie produktów w ich własnym środowisku przed dokonaniem zakupu. Miało to na celu zmniejszenie niepewności klientów, zwiększenie satysfakcji i ograniczenie zwrotów produktów.

Wdrożenie: Aby osiągnąć ten cel, HomeSpace opracowało i zintegrowało kilka kluczowych funkcji AR:

1. **Aplikacja AR:** HomeSpace uruchomiło aplikację mobilną, która umożliwia klientom wirtualną wizualizację mebli w ich przestrzeni. Korzystając z kamery w smartfonie lub tablecie, klienci mogli umieścić trójwymiarowy mebel w swoim pokoju i oglądać go pod różnymi kątami i w różnych miejscach.

2. **Personalizacja w czasie rzeczywistym:** aplikacja umożliwiła klientom

personalizację produktów w czasie rzeczywistym, zmieniając kolory, tekstury i wymiary, aby zobaczyć, jak różne opcje będą pasować do ich przestrzeni.

3. **Integracja z e-commerce:** Aplikacja została zintegrowana z witryną e-commerce HomeSpace, dzięki czemu klienci mogą bezpośrednio złożyć zamówienie po obejrzeniu produktu w AR.

4. **Przewodniki i samouczki:** HomeSpace udostępnia przewodniki i samouczki, które pomagają klientom korzystać z aplikacji AR, zapewniając płynną obsługę.

Wyniki: Wprowadzenie AR w HomeSpace przyniosło kilka pozytywnych rezultatów:

- **Większe zaangażowanie klientów:** wciągające doświadczenie zwiększyło zaangażowanie klientów, zachęcając ich do odkrywania większej liczby produktów i spędzania większej ilości czasu w aplikacji.

- **Mniejsze zwroty:** Możliwość oglądania produktów we własnej przestrzeni zmniejszyła niepewność klientów, prowadząc do znacznego spadku zwrotów.

- **Zwiększona sprzedaż:** Lepsze doświadczenia zakupowe doprowadziły do zwiększonej sprzedaży, ponieważ klienci czuli się pewniej w wyborze produktów.

- **Większe zadowolenie klientów:** Pozytywne opinie klientów wskazywały na znaczną poprawę zadowolenia klientów, wzmacniając lojalność wobec marki.

Wniosek: Studium przypadku HomeSpace pokazuje transformacyjny wpływ rzeczywistości rozszerzonej na branżę e-commerce w branży meblarskiej. Przyjmując tę innowacyjną technologię, HomeSpace nie tylko poprawiła jakość zakupów online, ale także ustanowiła nowy standard w branży, pokazując, jak można wykorzystać AR, aby wypełnić lukę pomiędzy zakupami online i w sklepie.

4. Kampania wirusowa GreenEarth: wykorzystanie mediów społecznościowych w celu zwiększenia świadomości ekologicznej

Tło: GreenEarth, organizacja non-profit zajmująca się świadomością ekologiczną, dostrzegła potencjał mediów społecznościowych w zakresie docierania do szerokiego grona odbiorców i angażowania społeczności w kluczowe kwestie środowiskowe. W obliczu kryzysu klimatycznego i rosnącej obojętności opinii publicznej GreenEarth uruchomił wirusową kampanię w mediach społecznościowych, aby podnieść świadomość i zachęcić do działania.

Cel: Celem GreenEarth było stworzenie wirusowej kampanii w mediach społecznościowych, która podnosi świadomość na temat zagrożenia ekologicznego, zachęca do dzielenia się treściami oraz inspiruje jednostki i społeczności do podjęcia konkretnych działań w celu ochrony środowiska.

Wdrożenie: Aby osiągnąć ten cel, GreenEarth wdrożył kilka kluczowych inicjatyw:

1. **Angażujące i edukacyjne treści:** GreenEarth stworzył serię informacyjnych i atrakcyjnych wizualnie filmów, infografik i wpisów na blogu, podkreślających różne kwestie środowiskowe i oferujących praktyczne rozwiązania.

2. **Hashtagi i wyzwania:** Organizacja uruchomiła w mediach społecznościowych hashtagi i wyzwania specyficzne dla kampanii, zachęcając użytkowników do dzielenia się własnymi działaniami na rzecz środowiska, tworząc ruch społecznościowy.

3. **Współpraca z influencerami:** GreenEarth nawiązał współpracę z influencerami i gwiazdami zaangażowanymi w sprawy ochrony środowiska, aby zwiększyć zasięg kampanii i dotrzeć do szerszego

grona odbiorców.

4. **Interaktywność i zaangażowanie:** Kampanię zaprojektowano tak, aby była wysoce interaktywna i obejmowała ankiety, pytania i odpowiedzi na żywo oraz fora dyskusyjne, które miały na celu zaangażowanie odbiorców i zachęcenie do aktywnego udziału.

Wyniki: Kampania wirusowa GreenEarth przyniosła znaczący wpływ:

- **Szeroki zasięg:** kampania dotarła do milionów ludzi na całym świecie, znacznie przekraczając początkowe oczekiwania pod względem zasięgu i zaangażowania.

- **Zaangażowanie społeczności:** wyzwania i hashtagi zachęcały do aktywnego uczestnictwa, a tysiące ludzi dzieliło się swoimi działaniami na rzecz ochrony środowiska, tworząc zaangażowaną społeczność internetową.

- **Zwiększona świadomość:** Kampania skutecznie podniosła świadomość na temat ważnych kwestii środowiskowych, przy czym coraz większa liczba osób dyskutuje i dzieli się informacjami na te tematy.

- **Rzeczywisty wpływ:** poza świadomością internetową kampania doprowadziła do konkretnych działań, takich jak społeczne inicjatywy sprzątania, zobowiązania do redukcji odpadów i darowizny na rzecz ochrony środowiska.

Wniosek: Studium przypadku GreenEarth ilustruje siłę mediów społecznościowych w prowadzeniu skutecznych kampanii zwiększających świadomość ekologiczną. Łącząc angażujące treści, strategiczne wykorzystanie mediów społecznościowych i współpracę z wpływowymi osobami, GreenEarth nie tylko podniósł świadomość na temat kluczowych kwestii środowiskowych, ale także zmobilizował globalną społeczność do podjęcia działań. Ta kampania służy jako model dla innych organizacji pragnących wykorzystać media społecznościowe do pozytywnego wpływu społecznego i środowiskowego.

5. Transformacja cyfrowa BankSecure: zabezpieczanie transakcji finansowych za pomocą Blockchain

Kontekst: BankSecure, wiodący bank w sektorze finansowym, zidentyfikował rosnącą potrzebę wzmocnienia bezpieczeństwa i przejrzystości swoich transakcji finansowych w obliczu wzrostu liczby cyberataków i oszustw. Aby odpowiedzieć na to wyzwanie, BankSecure zdecydował się na przyjęcie technologii blockchain, znanej ze swojej solidności pod względem bezpieczeństwa i identyfikowalności transakcji.

Cel: Głównym celem BankSecure była integracja blockchain z istniejącą infrastrukturą w celu zabezpieczenia transakcji finansowych, ograniczenia ryzyka oszustw i zwiększenia zaufania klientów do usług bankowości cyfrowej.

Wdrożenie: Aby osiągnąć ten cel, BankSecure wdrożył kilka kluczowych inicjatyw:

1. **Infrastruktura Blockchain:** BankSecure opracowało zindywidualizowaną infrastrukturę blockchain, dostosowaną do specyficznych potrzeb sektora bankowego. Infrastruktura ta umożliwiła rejestrację wszystkich transakcji w rozproszonej, bezpiecznej i niezmiennej księdze.

2. **Integracja systemów:** Blockchain został zintegrowany z istniejącymi systemami banku, w tym z platformami płatności internetowych i aplikacjami mobilnymi, aby zapewnić płynne przejście i utrzymanie ciągłości usług.

3. **Szkolenia i świadomość:** BankSecure zainwestował w szkolenia dotyczące technologii blockchain dla swoich pracowników i przeprowadził kampanie uświadamiające dla swoich klientów, wyjaśniając korzyści płynące z nowej technologii pod względem bezpieczeństwa i niezawodności.

4. **Testowanie i zgodność:** Przed pełnym wdrożeniem rozwiązanie blockchain zostało rygorystycznie przetestowane, aby zapewnić zgodność z przepisami finansowymi i kompatybilnością ze standardami bezpieczeństwa bankowego.

Wyniki: Integracja blockchain BankSecure przyniosła kilka pozytywnych rezultatów:

- **Wzmocnienie bezpieczeństwa:** Blockchain znacznie wzmocnił bezpieczeństwo transakcji, ograniczając przypadki oszustw i błędów przetwarzania.

- **Większa przejrzystość:** Możliwość śledzenia i niezmienność transakcji w łańcuchu bloków poprawiła przejrzystość, wzmacniając zaufanie klientów do usług banku.

- **Efektywność operacyjna:** Blockchain uprościł i przyspieszył proces weryfikacji transakcji, poprawiając efektywność operacyjną banku.

- **Zgodność z przepisami:** rozwiązanie typu blockchain pomogło BankSecure w łatwiejszym przestrzeganiu przepisów finansowych dotyczących raportowania i audytu.

Wniosek: Studium przypadku BankSecure pokazuje skuteczność blockchain w cyfrowej transformacji sektora bankowego. Przyjmując tę technologię, BankSecure nie tylko poprawił bezpieczeństwo i przejrzystość swoich transakcji, ale także pozycjonuje bank jako innowacyjnego lidera we wdrażaniu zaawansowanych rozwiązań technologicznych. Inicjatywa ta służy jako model dla innych instytucji finansowych pragnących zwiększyć bezpieczeństwo i zaufanie w epoce cyfrowej.

6. Zwycięski zakład SportsVirtu: zaangażowanie fanów dzięki wciągającym doświadczeniom w wirtualnej rzeczywistości

Kontekst: SportsVirtu, firma specjalizująca się w wirtualnych doświadczeniach sportowych, znalazła wyjątkową okazję do zmiany zaangażowania fanów w świat sportu. Wraz z rosnącą popularnością rzeczywistości wirtualnej (VR) firma SportsVirtu przewidziała stworzenie wciągających wrażeń, które przybliżą fanów do ich ulubionych drużyn i sportowców w sposób nigdy wcześniej nie widziany.

Cel: Celem SportsVirtu było opracowanie platformy VR oferującej wciągające i interaktywne doświadczenia sportowe, umożliwiające kibicom przeżycie meczów i wydarzeń sportowych tak, jakby tam byli, oferując jednocześnie unikalne funkcje interaktywne i społecznościowe.

Wdrożenie: Aby osiągnąć ten ambitny cel, SportsVirtu uruchomiło kilka kluczowych inicjatyw:

1. **Rozwój platformy VR:** SportsVirtu opracowało zaawansowaną platformę VR, umożliwiającą użytkownikom oglądanie meczów w czasie rzeczywistym z widokiem 360 stopni z różnych miejsc na stadionie.

2. **Współpraca z drużynami i ligami sportowymi:** Aby dostarczać autentyczne i wciągające treści, SportsVirtu nawiązało współpracę z kilkoma drużynami i ligami sportowymi, umożliwiając im transmitowanie meczów na żywo na platformie.

3. **Funkcje interaktywne:** Platforma oferowała funkcje interaktywne, takie jak wybór różnych kątów widzenia, dostęp do statystyk w czasie rzeczywistym i opcje komunikacji z innymi fanami.

4. **Wciągające doświadczenia niezwiązane z meczami:** Oprócz meczów na żywo SportsVirtu stworzyło wciągające doświadczenia niezwiązane z meczami, takie jak wirtualne wycieczki po stadionie, spotkania ze sportowcami w rzeczywistości wirtualnej i gry interaktywne.

Wyniki: Inicjatywa SportsVirtu miała znaczący wpływ na zaangażowanie fanów:

- **Większe zaangażowanie fanów:** platforma przyciąga coraz większą liczbę fanów, zapewniając wciągające i interaktywne wrażenia, które wzmocniły ich więź z ulubionymi drużynami i sportowcami.

- **Nowe przychody:** platforma otworzyła nowe źródła przychodów, w tym subskrypcje, reklamy w aplikacji i ekskluzywne partnerstwa z drużynami i ligami.

- **Lepsze wrażenia dla fanów:** fani skorzystali ze wzbogaconych wrażeń sportowych dzięki opcjom dostosowywania i interakcji, które nie były możliwe w przypadku tradycyjnych metod oglądania.

- **Uznanie w branży:** SportsVirtu zostało uznane za innowatora w sporcie, wyznaczającego nowe standardy zaangażowania fanów w epoce cyfrowej.

Wniosek: Studium przypadku SportsVirtu ilustruje rewolucyjny potencjał VR w angażowaniu fanów sportu. Wykorzystując tę technologię, SportsVirtu nie tylko poprawiło doświadczenia fanów, ale także utorowało drogę nowym możliwościom biznesowym i nowej erze interakcji między fanami a światem sportu.

7. Strategia treści HealthFirst: edukacja i zaangażowanie klientów w sektorze opieki zdrowotnej

Kontekst: HealthFirst, wiodąca firma z branży opieki zdrowotnej, dostrzegła potrzebę poprawy edukacji i zaangażowania klientów w obliczu coraz bardziej świadomego zdrowia społeczeństwa, głodnego wiarygodnych informacji. Aby sprostać temu rosnącemu zapotrzebowaniu, firma HealthFirst zdecydowała się wdrożyć solidną i informacyjną strategię dotyczącą treści.

Cel: Celem HealthFirst było opracowanie i wdrożenie strategii treści, która edukuje klientów na różne tematy zdrowotne, promuje zdrowe zachowania oraz buduje zaangażowanie i lojalność wobec marki.

Wdrożenie: Aby osiągnąć ten cel, HealthFirst uruchomił kilka kluczowych inicjatyw:

1. **Tworzenie treści edukacyjnych:** HealthFirst opracowało szereg treści edukacyjnych, w tym posty na blogu, filmy, infografiki i podcasty, obejmujących szeroki zakres tematów zdrowotnych, od zapobiegania chorobom po odżywianie i dobre samopoczucie.

2. **Platforma internetowa i aplikacja mobilna:** Treści te zostały łatwo dostępne za pośrednictwem dedykowanej platformy internetowej i aplikacji mobilnej, dzięki czemu klienci mogą w każdej chwili znaleźć rzetelne i praktyczne informacje.

3. **Programy interaktywne:** HealthFirst

wprowadziło programy interaktywne, takie jak wyzwania dotyczące dobrego samopoczucia i seminaria internetowe na żywo z ekspertami w dziedzinie zdrowia, aby zachęcić klientów do aktywnego zaangażowania.

4. **Personalizacja treści:** Wykorzystując dane klientów, HealthFirst spersonalizowane rekomendacje treści w celu zaspokojenia konkretnych potrzeb i zainteresowań każdego użytkownika.

5. **Współpraca z ekspertami:** Aby zapewnić dokładność i niezawodność treści, firma HealthFirst współpracowała z pracownikami służby zdrowia i ekspertami branżowymi przy tworzeniu i przeglądaniu wszystkich materiałów edukacyjnych.

Wyniki: strategia dotycząca treści HealthFirst przyniosła kilka pozytywnych rezultatów:

- **Lepsze zaangażowanie klientów:** Treści edukacyjne i interaktywne znacznie zwiększyły zaangażowanie klientów, przy zauważalnym wydłużeniu czasu spędzanego na platformie i interakcji z treścią.

- **Wzmacnianie lojalności wobec marki:** Dostarczając wiarygodnych i przydatnych informacji, HealthFirst wzmocnił zaufanie klientów i lojalność wobec marki.

- **Zwiększona świadomość zdrowotna:** Strategia przyczyniła się do zwiększenia świadomości i edukacji klientów w zakresie ważnych kwestii zdrowotnych, zachęcając do podejmowania zdrowszych wyborów stylu życia.

- **Pozytywny zwrot z inwestycji:** strategia dotycząca treści również doprowadziła do dodatniego zwrotu z inwestycji, w postaci zwiększonej liczby zapisów do programów zdrowotnych i zwiększonego wykorzystania usług HealthFirst.

Wniosek: Studium przypadku HealthFirst pokazuje znaczenie strategii edukacyjnej i angażującej treści w branży opieki zdrowotnej. Dostarczając wiarygodne informacje i zachęcając do aktywnego zaangażowania, HealthFirst nie tylko poprawiło zdrowie i samopoczucie swoich klientów, ale także wzmocniło swoją pozycję zaufanej marki i lidera w dziedzinie opieki zdrowotnej.

8. Kampania marketingowa FashionFlare z influencerami: pomiar wpływu i zwrotu z inwestycji w luksus

Kontekst: FashionFlare, uznana marka luksusowa, chciała wzmocnić swoją obecność i wizerunek marki na wysoce konkurencyjnym rynku. Aby osiągnąć ten cel, FashionFlare uruchomiło kampanię marketingową z udziałem influencerów, współpracując z wiodącymi wpływowymi osobami z branży modowej, aby dotrzeć do szerszej, bardziej zaangażowanej publiczności.

Cel: Głównym celem FashionFlare był pomiar wpływu i zwrotu z inwestycji (ROI) kampanii influencer marketingowej, oceniając nie tylko wzrost świadomości marki, ale także wpływ na sprzedaż i zaangażowanie klientów.

Realizacja: Aby przeprowadzić tę kampanię, FashionFlare przyjęła strategiczne i mierzalne podejście:

1. **Wybór influencerów:** FashionFlare starannie wybrało influencerów, których styl i publiczność odpowiadały wizerunkowi i wartościom marki FashionFlare. Do tej selekcji należeli influencerzy z dużą liczbą obserwujących i wysokimi wskaźnikami zaangażowania.

2. **Spójna treść marki:** Influencerzy stworzyli spersonalizowaną treść, która podkreślała produkty FashionFlare, pozostając jednocześnie wiernym własnemu, niepowtarzalnemu stylowi. Dotyczyło to postów, blogów i filmów w mediach społecznościowych.

3. **Śledzenie i analityka:** FashionFlare korzystała z zaawansowanych narzędzi

analitycznych do śledzenia wydajności każdego influencera, w tym zaangażowania, zasięgu i ruchu kierowanego do witryny FashionFlare.

4. **Kody promocyjne i linki śledzące:** Unikalne kody promocyjne i linki śledzące zostały udostępnione influencerom w celu bezpośredniego pomiaru sprzedaży i konwersji wynikających z kampanii.

5. **Informacje zwrotne i interakcja:** FashionFlare zachęcało influencerów do interakcji z odbiorcami, zbierając cenne opinie i budując zaangażowanie z marką.

Wyniki: Kampania marketingowa z udziałem influencerów FashionFlare przyniosła znaczące rezultaty:

- **Zwiększona świadomość marki:** Kampania znacznie zwiększyła świadomość FashionFlare, przyciągając nową publiczność i wzmacniając jej obecność w mediach społecznościowych.

- **Wzrost sprzedaży:** kody promocyjne i linki śledzące wykazały zauważalny wzrost sprzedaży bezpośrednio powiązany z kampanią.

- **Zwiększone zaangażowanie:** Treści tworzone przez influencerów generowały duże zaangażowanie i zawierały znaczące interakcje między konsumentami a marką.

- **Pozytywny zwrot z inwestycji:** Analiza danych wykazała dodatni zwrot z inwestycji, a zyski wygenerowane przez kampanię znacznie przekraczały początkowe koszty.

Wniosek: Studium przypadku FashionFlare ilustruje skuteczność influencer marketingu w sektorze luksusowym. Przyjmując strategiczne podejście i dokładnie mierząc wpływ kampanii, FashionFlare nie tylko poprawiła świadomość swojej marki, ale także wygenerowała znaczne zaangażowanie klientów i wzrost sprzedaży. Ta kampania służy jako model dla innych luksusowych marek, które chcą wykorzystać siłę marketingu wpływowego, aby osiągnąć nowy poziom.

9. Inicjatywa marketingu mobilnego QuickServe: odkrywanie fast foodów na nowo dzięki innowacyjnym aplikacjom

Tło: QuickServe, popularna sieć fast foodów, odnotowuje stałą zmianę nawyków konsumentów wraz ze wzrostem zapotrzebowania na szybsze i wygodniejsze opcje zamawiania i dostawy. Wychodząc naprzeciw tym oczekiwaniom, QuickServe zdecydowało się na uruchomienie inicjatywy marketingu mobilnego, skupionej na rozwoju innowacyjnych aplikacji mobilnych.

Cel: Celem QuickServe było stworzenie

ulepszonego doświadczenia użytkownika mobilnego, które ułatwi zamawianie, dostosowywanie posiłków i dostawę, jednocześnie wykorzystując aplikację jako narzędzie marketingowe do budowania lojalności klientów i zwiększania sprzedaży.

Wdrożenie: Aby osiągnąć ten cel, QuickServe wdrożyło kilka kluczowych strategii:

1. **Rozwój intuicyjnej aplikacji mobilnej:** QuickServe opracowało przyjazną dla użytkownika aplikację mobilną, oferującą łatwą nawigację, szybkie składanie zamówień i opcje dostosowywania posiłków. Aplikacja zintegrowała również bezpieczny system płatności, aby zapewnić bezproblemowe składanie zamówień.

2. **Zintegrowany program lojalnościowy:** Aplikacja zawierała program lojalnościowy oferujący spersonalizowane nagrody i promocje w oparciu o preferencje użytkowników i zwyczaje związane z zamówieniami.

3. **Funkcje rzeczywistości rozszerzonej:** QuickServe wprowadziło innowacje, integrując funkcje rzeczywistości rozszerzonej (AR) ze swoją aplikacją, umożliwiając klientom oglądanie posiłków przed złożeniem zamówienia i

uczestniczenie w interaktywnych grach w celu zdobywania nagród.

4. **Powiadomienia push i marketing ukierunkowany:** aplikacja korzystała z powiadomień push w celu informowania klientów o ofertach specjalnych, nowych produktach i wydarzeniach lokalnych, zwiększając w ten sposób zaangażowanie i powtarzające się wizyty.

5. **Analiza danych użytkownika:** QuickServe gromadził i analizował dane użytkowników, aby zrozumieć preferencje klientów i odpowiednio dostosować swoje oferty i marketing.

Wyniki: Inicjatywa marketingu mobilnego QuickServe przyniosła kilka pozytywnych rezultatów:

- **Zwiększona sprzedaż:** aplikacja spowodowała znaczny wzrost zamówień online i ogólnej sprzedaży, zapewniając wygodne i szybkie składanie zamówień.

- **Większe zaangażowanie klientów:** Program lojalnościowy i powiadomienia push zwiększyły zaangażowanie klientów, co doprowadziło do zwiększenia częstotliwości zamówień i lojalności wobec marki.

- **Lepsze doświadczenie klienta:** funkcje AR i opcje personalizacji poprawiły doświadczenie klienta, czyniąc zamawianie bardziej interaktywnym i przyjemnym.

- **Cenne spostrzeżenia klientów:** Analiza danych użytkowników zapewniła firmie QuickServe cenne spostrzeżenia w celu optymalizacji menu, ofert promocyjnych i strategii marketingowych.

Wnioski: Studium przypadku QuickServe pokazuje jak duży wpływ dobrze zaprojektowana aplikacja mobilna ma na branżę fast food. Łącząc intuicyjną obsługę użytkownika z innowacyjnymi strategiami marketingu mobilnego, QuickServe nie tylko poprawiło komfort składania zamówień dla swoich klientów, ale także odnotowało znaczny wzrost zaangażowania klientów i sprzedaży. Inicjatywa ta służy jako model dla innych firm w branży, które chcą wykorzystać technologie mobilne do nowego podejścia do obsługi klienta.

10. Projekt lojalnościowy klientów w AutoElite: Korzystanie z programów lojalnościowych opartych na Blockchain w celu poprawy retencji

Kontekst: Firma AutoElite, wiodący producent samochodów, odnotowuje spadek lojalności klientów na coraz bardziej konkurencyjnym rynku. Aby odwrócić ten trend, AutoElite zdecydowało się na innowację, uruchamiając program lojalnościowy oparty na technologii blockchain, którego celem jest zapewnienie klientom bardziej przejrzystej, bezpiecznej i satysfakcjonującej obsługi.

Cel: Celem AutoElite było opracowanie programu lojalnościowego, który nie tylko nagradza klientów za lojalność, ale także wykorzystuje zalety blockchain w celu poprawy bezpieczeństwa, przejrzystości i personalizacji nagród.

Wdrożenie: Aby osiągnąć ten cel, AutoElite wdrożyło kilka kluczowych inicjatyw:

1. **Rozwój platformy Blockchain:** AutoElite opracowało platformę lojalnościową opartą na blockchain, umożliwiającą bezpieczne i przejrzyste rejestrowanie transakcji i interakcji z klientami.

2. **Innowacyjny system nagród:** Program oferował nagrody w postaci tokenów blockchain, które można było wymieniać na usługi, akcesoria, a nawet zniżki na pojazdy. Tokeny te można również gromadzić lub wymieniać z innymi członkami programu.

3. **Personalizacja ofert:** Wykorzystując dane klientów zebrane za pośrednictwem platformy, AutoElite spersonalizowane oferty i nagrody w oparciu o preferencje i zachowania zakupowe każdego klienta.

4. **Zintegrowana aplikacja mobilna:** Opracowano aplikację mobilną, aby

umożliwić klientom łatwe śledzenie swoich tokenów, odkrywanie nowych ofert i zarządzanie kontem lojalnościowym.

5. **Kampanie uświadamiające i szkoleniowe:** AutoElite przeprowadziło kampanie mające na celu edukację klientów na temat korzyści płynących z blockchain i sposobów korzystania z nowego programu lojalnościowego.

Wyniki: Inicjatywa lojalnościowa klientów AutoElite przyniosła znaczące rezultaty:

- **Większa lojalność klientów:** Program wzmocnił lojalność klientów, przy zauważalnym wzroście retencji i częstotliwości zakupów.

- **Większa przejrzystość i bezpieczeństwo:** Blockchain poprawił przejrzystość i bezpieczeństwo transakcji lojalnościowych, zwiększając zaufanie klientów do programu.

- **Większe zaangażowanie klientów:** aplikacja mobilna i spersonalizowane nagrody zwiększyły zaangażowanie klientów w markę.

- **Dodatni zwrot z inwestycji:** Program wygenerował dodatni zwrot z inwestycji wraz ze wzrostem sprzedaży pojazdów i powiązanych usług.

Wniosek: Studium przypadku AutoElite ilustruje, jak innowacyjne wykorzystanie technologii blockchain w programach lojalnościowych może zmienić zaangażowanie i utrzymanie klientów w branży motoryzacyjnej. Zapewniając bezpieczniejsze, przejrzyste i spersonalizowane doświadczenie lojalnościowe, AutoElite nie tylko poprawiło satysfakcję klientów, ale także wzmocniło swoją pozycję na rynku jako marki myślącej przyszłościowo i skoncentrowanej na kliencie.

11. Optymalizacja SEO TravelWorld: zaawansowane strategie zdominowania internetowego rynku turystycznego

Kontekst: TravelWorld, internetowe biuro podróży, musiało stawić czoła ostrej konkurencji na nasyconym rynku. Aby poprawić swoją widoczność w Internecie i przyciągnąć więcej klientów, TravelWorld zdecydował się na wdrożenie zaawansowanych strategii optymalizacji wyszukiwarek (SEO).

Cel: Celem TravelWorld było wzmocnienie swojej obecności w Internecie, poprawa rankingów wyszukiwania i przyciągnięcie wartościowego ruchu do swojej witryny internetowej, poprzez skupienie się na innowacyjnych i skutecznych strategiach SEO.

Wdrożenie: Aby osiągnąć ten cel, TravelWorld przyjął kilka kluczowych podejść:

1. **Dogłębne badanie słów kluczowych:**

TravelWorld przeprowadził szeroko zakrojone badanie słów kluczowych, aby zidentyfikować najbardziej trafne i wyszukiwane terminy i frazy w branży turystycznej. Obejmowało to słowa kluczowe z długim ogonem specyficzne dla określonych miejsc docelowych i rodzajów podróży.

2. **Optymalizacja treści:** Treść strony internetowej TravelWorld została zoptymalizowana pod kątem określonych słów kluczowych, dzięki czemu treść pozostaje informacyjna, wciągająca i użyteczna dla użytkowników. Przewodniki turystyczne, artykuły na blogach i opisy destynacji były regularnie aktualizowane i poszerzane.

3. **Lepsze doświadczenie użytkownika:** TravelWorld poprawił nawigację w witrynie, szybkość ładowania i przyjazność dla urządzeń mobilnych, aby zapewnić lepsze doświadczenie użytkownika, co jest kluczowym czynnikiem w rankingu SEO.

4. **Strategia linkowania zwrotnego:** Wdrożono strategię linkowania zwrotnego, polegającą na pozyskiwaniu wysokiej jakości linków z uznanych stron

internetowych z branży turystycznej i mediów pokrewnych.

5. **Pozycjonowanie lokalne i międzynarodowe:** TravelWorld zoptymalizowało swoją witrynę pod kątem SEO lokalnego i międzynarodowego, kierując reklamy na określone rynki za pomocą treści i słów kluczowych dostosowanych do każdego regionu.

6. **Analiza i monitorowanie:** Do śledzenia wydajności witryny wykorzystano narzędzia analizy SEO, co umożliwiło TravelWorld dostosowanie swojej strategii w oparciu o trendy rynkowe i zachowania użytkowników.

Wyniki: Optymalizacja SEO TravelWorld przyniosła kilka pozytywnych rezultatów:

- **Wzrost ruchu organicznego:** w witrynie odnotowano znaczny wzrost ruchu organicznego, przyciągając więcej użytkowników zainteresowanych podróżami.

- **Lepsze rankingi w wyszukiwarkach:** TravelWorld odnotował poprawę rankingów w przypadku wielu strategicznych słów kluczowych, osiągając najwyższe pozycje w wynikach wyszukiwania dla kilku kluczowych haseł.

- **Większe zaangażowanie:** Lepsze

doświadczenie użytkownika i jakość treści zwiększyły zaangażowanie odwiedzających witrynę.

- **Zwiększona konwersja i sprzedaż:** Zwiększony ruch kwalifikowany doprowadził do wzrostu rezerwacji podróży i sprzedaży.

Wniosek: Studium przypadku TravelWorld pokazuje znaczenie solidnej i dobrze zaplanowanej strategii SEO w internetowej branży turystycznej. Przyjmując innowacyjne podejście i koncentrując się na ciągłym doskonaleniu, TravelWorld nie tylko poprawił swoją widoczność w Internecie, ale także wzmocnił swoją pozycję na konkurencyjnym rynku turystycznym, przyciągając więcej klientów i generując zwiększone przychody.

12. Programowa kampania reklamowa Techtronics: automatyzacja i precyzyjne targetowanie dla maksymalnego efektu

Kontekst: Techtronics, wiodący producent elektroniki użytkowej, chciał zmaksymalizować wpływ swoich kampanii reklamowych na zatłoczonym rynku cyfrowym. Aby osiągnąć ten cel, Techtronics zdecydowała się na reklamę programmatic, metodę automatyzacji zakupu i umieszczania reklam w celu skuteczniejszego dotarcia do określonych odbiorców.

Cel: Celem Techtronics było uruchomienie programmatic kampanii reklamowej, która nie tylko precyzyjnie dotrze do docelowej grupy odbiorców, ale także zoptymalizuje zwrot z inwestycji (ROI) poprzez wykorzystanie danych i algorytmów do podejmowania decyzji zakupowych powierzchni reklamowej w czasie rzeczywistym.

Wdrożenie: Aby przeprowadzić tę kampanię, Techtronics wdrożył kilka kluczowych strategii:

1. **Wybór platform programmatycznych:** Techtronics wybrał platformy reklam programatycznych znane ze swojej zdolności do skutecznego docierania do odbiorców i zapewniania szczegółowych analiz.

2. **Definicja grupy docelowej:** Firma zdefiniowała swoją grupę docelową na podstawie danych demograficznych, zainteresowań, zachowań zakupowych i nawyków przeglądania Internetu.

3. **Tworzenie spersonalizowanych treści reklamowych:** Spersonalizowane reklamy zostały stworzone, aby oddziaływać na grupę docelową, wykorzystując komunikaty i elementy wizualne dostosowane do różnych segmentów użytkowników.

4. **Optymalizacja w czasie rzeczywistym:** Kampania była stale monitorowana i dostosowywana w czasie rzeczywistym, aby zoptymalizować skuteczność, w oparciu o dane takie jak współczynniki klikalności, konwersje i zaangażowanie.

5. **Wielokanałowa integracja danych:** Techtronics zintegrowała dane z różnych kanałów, w tym z mediów społecznościowych, stron internetowych i aplikacji mobilnych, aby uzyskać całościowy obraz skuteczności kampanii.

6. **Analiza i raportowanie:** Wygenerowano szczegółowe raporty w celu oceny skuteczności kampanii, w tym ROI, zasięgu, zaangażowania i konwersji.

Wyniki: Programmatic kampania reklamowa Techtronics przyniosła kilka pozytywnych rezultatów:

- **Precyzyjne targetowanie:** Kampania dotarła do grupy docelowej z dużą precyzją, zwiększając skuteczność reklam i ograniczając marnowanie budżetu reklamowego.

- **Większe zaangażowanie:** spersonalizowane reklamy wygenerowały znaczne zaangażowanie, z ponadprzeciętnymi współczynnikami klikalności i konwersji.

- **Optymalizacja ROI:** Optymalizacja w czasie rzeczywistym umożliwiła dostosowanie kampanii w celu maksymalizacji ROI, alokując budżet do najskuteczniejszych kanałów i reklam.

- **Głębokie spostrzeżenia:** Analytics dostarczyło cennych informacji na temat zachowań i preferencji odbiorców, pomagając firmie Techtronics udoskonalić przyszłe strategie marketingowe.

Wniosek: Studium przypadku Techtronics ilustruje skuteczność reklamy programmatic w precyzyjnym dotarciu do odbiorców i maksymalizacji ROI. Przyjmując podejście oparte na danych i wykorzystując automatyzację do dostosowywania kampanii w czasie rzeczywistym, Techtronics nie tylko poprawiła skuteczność swoich reklam, ale także zyskała cenne spostrzeżenia, które pomogą jej w przyszłych inicjatywach marketingowych.

13. Inicjatywa na rzecz społecznej odpowiedzialności biznesu w EcoPure: etyczny marketing i zaangażowanie społeczne

Tło: EcoPure, firma specjalizująca się w ekologicznych środkach czystości, dostrzegła rosnące znaczenie społecznej odpowiedzialności biznesu (CSR) w nowoczesnym środowisku biznesowym. Aby wzmocnić swoje zaangażowanie w zrównoważony rozwój i etykę,

EcoPure uruchomiło inicjatywę CSR skupiającą się na etycznym marketingu i zaangażowaniu społeczności.

Cel: Celem EcoPure było opracowanie i wdrożenie etycznych strategii marketingowych, które odzwierciedlają jej wartości, takie jak zrównoważony rozwój i odpowiedzialność społeczna, przy jednoczesnym aktywnym angażowaniu się w społeczności lokalne w celu promowania rozsądnych praktyk środowiskowych.

Wdrożenie: Aby osiągnąć ten cel, EcoPure przyjęła kilka kluczowych podejść:

1. **Etyczny marketing:** EcoPure dokonało przeglądu swoich strategii marketingowych, aby upewnić się, że są one zgodne z zasadami zrównoważonego rozwoju. Obejmowało to promowanie stosowania w opakowaniach materiałów nadających się do recyklingu i podkreślanie wysiłków na rzecz zmniejszenia śladu węglowego.

2. **Programy świadomości ekologicznej:** EcoPure uruchomiło programy uświadamiające, aby edukować konsumentów na temat znaczenia zrównoważonego rozwoju i praktyk przyjaznych środowisku w życiu codziennym.

3. **Współpraca z organizacjami**

ekologicznymi: EcoPure nawiązał współpracę z lokalnymi i globalnymi organizacjami zajmującymi się ochroną środowiska, aby wspierać różne projekty w zakresie ochrony i zrównoważonego rozwoju.

4. **Inicjatywy społeczne:** EcoPure organizuje wydarzenia społeczne, takie jak sprzątanie okolicy i warsztaty edukacyjne, aby zachęcić do aktywnego udziału w ochronie środowiska.

5. **Przejrzystość i raportowanie:** EcoPure wdrożyło mechanizmy raportowania, aby dzielić się postępami w zakresie CSR ze swoimi interesariuszami, wzmacniając w ten sposób przejrzystość i zaufanie.

Wyniki: Inicjatywa CSR EcoPure przyniosła kilka pozytywnych rezultatów:

- **Wzmocnienie marki:** Zaangażowanie EcoPure w zrównoważony rozwój i odpowiedzialność społeczną wzmocniło wizerunek marki i reputację wśród konsumentów.

- **Większe zaangażowanie społeczności:** Inicjatywy społecznościowe wzmocniły powiązania EcoPure ze społecznościami lokalnymi, generując dobrą wolę i zwiększone wsparcie dla marki.

- **Pozytywny wpływ**

na środowisko: Programy informacyjne i partnerstwa mają pozytywny wpływ na środowisko, przyczyniając się do bardziej zrównoważonych praktyk w społeczności.

- **Lojalność klienta:** Przejrzystość i zaangażowanie EcoPure w CSR wzmocniły lojalność klientów, przyciągając konsumentów ceniących etykę i zrównoważony rozwój.

Wniosek: Studium przypadku EcoPure pokazuje znaczenie i skuteczność etycznego podejścia marketingowego oraz silnego zaangażowania społeczności w ramach inicjatywy CSR. Dopasowując swoje praktyki biznesowe do swoich wartości związanych ze zrównoważonym rozwojem, EcoPure nie tylko poprawiło wizerunek swojej marki i wzmocniło swoje relacje ze społecznościami, ale także znacząco przyczyniło się do ważnych celów środowiskowych, demonstrując kluczową rolę, jaką Firmy mogą odegrać w promowaniu bardziej zrównoważonego przyszły.

14. Strategia marketingu treści GourmetDelight: tworzenie społeczności pełnej pasji wokół jedzenia

Kontekst: GourmetDelight, firma specjalizująca

się w produktach spożywczych premium, chciała zaistnieć w Internecie, aby móc nawiązać kontakt z miłośnikami jedzenia. Aby osiągnąć ten cel, GourmetDelight zdecydowało się na wdrożenie strategii content marketingowej, której celem jest stworzenie internetowej społeczności pasjonatów jedzenia i gotowania.

Cel: Celem GourmetDelight było opracowanie bogatych i angażujących treści, które nie tylko informują i edukują, ale także tworzą poczucie przynależności i zaangażowania wśród entuzjastów jedzenia i gotowania.

Wdrożenie: Aby osiągnąć ten cel, GourmetDelight przyjęła kilka kluczowych strategii:

1. **Blog i artykuły:** GourmetDelight uruchomiło specjalny blog, oferujący różnorodne artykuły, od ekskluzywnych przepisów i porad szefów kuchni, po historie o pochodzeniu składników i trendach kulinarnych.

2. **Filmy i samouczki:** Przygotowaliśmy filmy i samouczki dotyczące gotowania, w których biorą udział uznani szefowie kuchni i eksperci ds. żywności, aby zapewnić interaktywne i wizualne doświadczenie edukacyjne.

3. **Media społecznościowe:** GourmetDelight aktywnie wykorzystuje media społecznościowe do udostępniania treści, interakcji z obserwującymi

i zachęcania użytkowników do dzielenia się własnymi doświadczeniami kulinarnymi i kreacjami.

4. **Wydarzenia online i seminaria internetowe:** Wydarzenia online, takie jak seminaria internetowe i wirtualne degustacje, zostały zorganizowane, aby zbliżyć społeczność i zaoferować ekskluzywne doświadczenia.

5. **Biuletyn:** Utworzono regularny biuletyn, aby informować społeczność o najnowszych wiadomościach, ofertach specjalnych i wydarzeniach.

6. **Partnerstwa z wpływowymi osobami:** Nawiązano partnerstwa z wpływowymi osobami kulinarnymi, aby poszerzyć zasięg treści i przyciągnąć nowych członków do społeczności.

Wyniki: Strategia content marketingu GourmetDelight przyniosła kilka pozytywnych rezultatów:

- **Rozwój społeczności:** Społeczność internetowa GourmetDelight szybko się rozrosła, ze znacznym wzrostem liczby subskrybentów i aktywnych uczestników.

- **Większe zaangażowanie:** treści interaktywne i edukacyjne wygenerowały duże zaangażowanie, a komentarze, udostępnienia i interakcje wzrosły na wszystkich platformach.

- **Lojalność klientów:** Stworzenie społeczności pełnej pasji wzmocniło lojalność klientów dzięki pozytywnym opiniom na temat produktów i doświadczeń oferowanych przez GourmetDelight.
- **Zwiększona sprzedaż:** strategia dotycząca treści doprowadziła do wzrostu sprzedaży, a członkowie społeczności stali się stałymi klientami i ambasadorami marki.

Wniosek: Studium przypadku GourmetDelight ilustruje skuteczność dobrze zaprojektowanej strategii content marketingu w budowaniu i angażowaniu społeczności internetowej. Dostarczając bogate, interaktywne treści, które rezonują z pasjami odbiorców, GourmetDelight nie tylko wzmocniła swoją obecność w Internecie, ale także nawiązała silne i trwałe relacje ze swoimi klientami, demonstrując siłę treści w budowaniu lojalnej i zaangażowanej społeczności marki.

Wywiady eksperckie

1. „Nawigacja w erze AI": Wywiad z dr Sophie Lemaire, specjalistką ds. sztucznej inteligencji i marketingu

Wstęp: Sztuczna inteligencja (AI) rewolucjonizuje wiele branż, w tym marketing. Aby lepiej zrozumieć ten rozwój, przeprowadzono wywiad z dr Sophie Lemaire, uznaną specjalistką w dziedzinie AI stosowanej w marketingu.

Cel wywiadu: Celem było zebranie spostrzeżeń na temat wpływu sztucznej inteligencji na marketing, związanych z nią wyzwań i najlepszych praktyk w zakresie skutecznego włączania sztucznej inteligencji do strategii marketingowych.

Kluczowe punkty wywiadu:

1. **Rola AI we współczesnym marketingu:**

   o   Dr Lemaire wyjaśniła, jak sztuczna inteligencja zmienia marketing, umożliwiając głębszą personalizację, analizę predykcyjną trendów konsumenckich i automatyzację powtarzalnych zadań.

2. **Wyzwania związane z integracją sztucznej inteligencji:**

   o   Podkreśliła wyzwania związane z integracją sztucznej inteligencji, takie jak zapotrzebowanie na dane wysokiej jakości, kwestie etyczne i związane z prywatnością oraz potrzeba specjalistycznych umiejętności do zarządzania technologiami sztucznej inteligencji.

3. **Przykłady sukcesu AI w marketingu:**

   o   Dr Lemaire podzieliła się studiami przypadków, w których sztuczna inteligencja została z powodzeniem wykorzystana do poprawy zaangażowania klientów, optymalizacji kampanii reklamowych i zwiększenia sprzedaży.

4. **Przyszłość sztucznej inteligencji w marketingu:**

o   Omówiła przyszłe trendy, prognozując wzrost wykorzystania sztucznej inteligencji do dynamicznego tworzenia treści, zarządzania relacjami z klientami i marketingu predykcyjnego.

5. **Wskazówki dla firm wdrażających sztuczną inteligencję:**

o   Dr Lemaire poradził przedsiębiorstwom, aby rozpoczynały działalność na małą skalę, skupiały się na jasnych celach i upewniały się, że posiadają zasoby do zarządzania danymi generowanymi przez sztuczną inteligencję i ich interpretowania.

6. **Wpływ AI na umiejętności marketingowe:**

o   Omówiła także wpływ sztucznej inteligencji na umiejętności wymagane w marketingu, podkreślając znaczenie rozumienia danych, analitycznego myślenia i umiejętności współpracy z technologią.

Wnioski z wywiadu: Wywiad z dr Sophie Lemaire przedstawił cenne spojrzenie na rosnące znaczenie sztucznej inteligencji w marketingu.

Jego spostrzeżenia podkreślają, w jaki sposób firmy mogą poruszać się w tej nowej erze, wykorzystując sztuczną inteligencję do ulepszania swoich strategii marketingowych, jednocześnie zwracając uwagę na wyzwania i implikacje etyczne. Ta rozmowa podkreśla znaczenie ciągłego dostosowywania się i kształcenia specjalistów ds. marketingu, aby zachować aktualność w stale zmieniającym się krajobrazie.

2. „Przyszłość reklamy cyfrowej": dyskusja z Markiem Dubois, pionierem reklamy programatycznej

Kontekst: reklama cyfrowa stale ewoluuje, a reklama programmatic stoi na czele tej transformacji. Aby zgłębić ten temat, przeprowadzono pogłębioną dyskusję z Markiem Dubois, uznanym ekspertem i pionierem w dziedzinie reklamy programmatic.

Cel dyskusji: Celem było zrozumienie obecnych i przyszłych trendów w reklamie cyfrowej, zwłaszcza reklamie programmatic, oraz zdobycie wiedzy na temat tego, w jaki sposób firmy mogą dostosować się do tych zmian i czerpać z nich korzyści.

Kluczowe punkty dyskusji:

1. **Obecny stan reklamy programatycznej:**

   o Marc Dubois zaczął od

wyjaśnienia, jak reklama programmatic zrewolucjonizowała krajobraz reklamy cyfrowej, umożliwiając reklamodawcom kupowanie przestrzeni reklamowej w bardziej efektywny i ukierunkowany sposób poprzez automatyzację i analizę danych.

2. **Wyzwania i możliwości:**

o   Podkreślił wyzwania stojące przed reklamą programmatic, szczególnie w zakresie prywatności i przejrzystości danych. Podkreślił jednak także ogromne możliwości, jakie oferuje w zakresie precyzyjnego targetowania i pomiaru wyników.

3. **Wpływ sztucznej inteligencji:**

o   Dubois omówił rosnący wpływ sztucznej inteligencji na reklamę programmatic, w tym na optymalizację stawek w czasie rzeczywistym, personalizację reklam i przewidywanie zachowań konsumentów.

4. **Przyszłość reklamy cyfrowej:**

o   Podzielił się swoją wizją przyszłości reklamy cyfrowej, przewidując wzrost wykorzystania rzeczywistości rozszerzonej i wirtualnej, a także pojawienie się nowych, interaktywnych formatów reklamowych.

5. **Wskazówki dla reklamodawców:**

o   Marc Dubois poradził reklamodawcom,

aby byli na bieżąco z najnowszymi technologiami i trendami, skupiali się na tworzeniu wysokiej jakości treści i przyjęli podejście zorientowane na konsumenta, aby zachować konkurencyjność.

6. **Ewolucja** **umiejętności**
   marketingowych:

○ Omówił także ewoluujące umiejętności wymagane w marketingu cyfrowym, podkreślając znaczenie zrozumienia pojawiających się technologii, analizy danych i kreatywności.

Wnioski z dyskusji: Dyskusja z Markiem Dubois przedstawiła cenne spojrzenie na szybką ewolucję reklamy cyfrowej i kluczową rolę reklamy programmatycznej. Jego spostrzeżenia podkreślają znaczenie dostosowywania się firm do zmian technologicznych, przestrzegania standardów etycznych i skupiania się na tworzeniu kampanii reklamowych, które rezonują z odbiorcami. Z tej rozmowy wynika, że choć technologia jest kluczowym czynnikiem, kreatywność i zrozumienie konsumentów pozostają podstawą sukcesu reklamy cyfrowej.

3. „Zwycięskie strategie dotyczące treści": porady Julii Renard, redaktor naczelnej i specjalistki ds. strategii treści

Tło: W cyfrowym świecie, w którym najważniejsza jest treść, opracowanie skutecznej strategii dotyczącej treści ma kluczowe znaczenie dla sukcesu każdego biznesu internetowego. Julia Renard, doświadczona redaktorka i specjalistka ds. strategii treści, dzieli się wskazówkami dotyczącymi tworzenia zwycięskich strategii dotyczących treści.

Cel wywiadu: Celem było zebranie praktycznych wskazówek i sprawdzonych strategii tworzenia angażujących, informacyjnych i wpływowych treści, które mogą przyciągnąć uwagę odbiorców i promować rozwój biznesu.

Kluczowe punkty wywiadu:

1. **Zrozumienie odbiorców:**

   o   Julia Renard podkreśliła znaczenie głębokiego zrozumienia grupy docelowej. Radzi przeprowadzić dogłębne badania, aby poznać zainteresowania, potrzeby i preferencje odbiorców, aby stworzyć treści, które naprawdę z nimi rezonują.

2. **Tworzenie wysokiej jakości treści:**

   o   Podkreśliła znaczenie jakości nad ilością. Treść musi być dobrze zbadana, dobrze napisana i zapewniać prawdziwą wartość. Zaleca korzystanie z historii i przykładów z życia wziętych, aby treści były bardziej powiązane i zapadające w pamięć.

3. **Spójność i branding:**

   o   Julia podkreśliła znaczenie utrzymania

spójności tonu, stylu i przekazu dla wzmocnienia tożsamości marki. Każdy element treści powinien odzwierciedlać osobowość i wartości marki.

4. **Optymalizacja pod kątem SEO:**

o　　　　　Doradziła włączenie strategii SEO do tworzenia treści, aby poprawić widoczność w Internecie. Obejmuje to używanie odpowiednich słów kluczowych, tworzenie chwytliwych tytułów i tworzenie treści odpowiadających na częste pytania użytkowników.

5. **Korzystanie z mediów społecznościowych:**

o　　　　Julia poleciła wykorzystanie mediów społecznościowych do promowania treści i bezpośredniego kontaktu z odbiorcami. Sugeruje różne formaty (posty, filmy, infografiki), aby utrzymać zaangażowanie.

6. **Pomiary i analiza:**

o　　　　　Podkreśliła znaczenie regularnego pomiaru wydajności treści za pomocą narzędzi analitycznych. Zrozumienie, co działa, a co nie, pozwala odpowiednio dostosować strategię.

Wnioski z wywiadu: Wywiad z Julią Renard dostarcza cennych spostrzeżeń na temat tworzenia skutecznych strategii dotyczących treści. Jego rady podkreślają znaczenie zrozumienia odbiorców, tworzenia wysokiej jakości treści, utrzymywania spójności marki, optymalizacji pod kątem SEO, wykorzystywania mediów społecznościowych do zwiększania zaangażowania i mierzenia wyników w celu ciągłego dostosowywania. Strategie te są niezbędne dla każdej firmy, która chce zaistnieć w Internecie i autentycznie nawiązać kontakt z odbiorcami.

4. „Potęga rzeczywistości rozszerzonej": perspektywy Alexa Tremblaya, innowatora w dziedzinie AR i VR

Kontekst: Rzeczywistość rozszerzona (AR) i rzeczywistość wirtualna (VR) przekształcają wiele branż, zapewniając wciągające i interaktywne doświadczenia. Alex Tremblay, uznany innowator w dziedzinie AR i VR, dzieli się swoimi spostrzeżeniami na temat wpływu i zastosowań tych technologii.

Cel wywiadu: Celem było zbadanie możliwości oferowanych przez AR i VR, szczególnie w kontekście marketingu i zaangażowania klientów, a także zrozumienie, w jaki sposób firmy mogą wykorzystać te technologie do ulepszenia swoich strategii biznesowych.

Kluczowe punkty wywiadu:

1. **Potencjał AR i VR:**

o   Alex Tremblay rozpoczął od podkreślenia ogromnego potencjału AR i VR w tworzeniu urzekających doświadczeń klientów. Wyjaśnił, w jaki sposób technologie te pozwalają użytkownikom zanurzyć się w środowiskach wirtualnych lub wzbogacić swoją obecną rzeczywistość o informacje cyfrowe.

2. **Zastosowania w marketingu:**

o   Tremblay omówił zastosowania AR i VR w marketingu, w tym wirtualne testy produktów, immersyjne wycieczki po sklepach lub nieruchomościach oraz interaktywne kampanie reklamowe.

3. **Wyzwania i rozwiązania:**

o   Omówił wyzwania techniczne i finansowe związane z przyjęciem AR i VR, podkreślając jednocześnie znaczenie tworzenia angażujących i dostępnych treści, aby zapewnić pomyślne przyjęcie przez konsumentów.

4. **Wpływ na doświadczenie klienta:**

o   Tremblay wyjaśnił, w jaki sposób AR i VR mogą wzbogacić doświadczenie klienta, zapewniając możliwości interakcji i zaangażowania wykraczające poza tradycyjne metody.

5. **Przyszłość AR i VR:**

o   Podzielił się swoją wizją przyszłości tych

technologii, przewidując dalszą integrację z życiem codziennym oraz dalszą poprawę ich dostępności i łatwości użytkowania.

6. **Rady dla firm:**

o   Alex Tremblay poradził firmom zainteresowanym AR i VR, aby rozpoczęły od projektów pilotażowych w celu sprawdzenia zainteresowania i reakcji konsumentów, jednocześnie zwracając uwagę na rozwój technologiczny i najlepsze praktyki branżowe.

Wnioski z wywiadu: Wywiad z Alexem Tremblayem oferuje cenne spostrzeżenia na temat transformacyjnego potencjału AR i VR, szczególnie w obszarze marketingu i zaangażowania klientów. Jego spostrzeżenia podkreślają znaczenie, jakie dla przedsiębiorstw ma zrozumienie tych technologii, zbadanie ich praktycznych zastosowań i strategiczne integrowanie ich w celu wzbogacenia doświadczeń klientów i wyróżnienia się na konkurencyjnym rynku.

5. „Blockchain i marketing": Wizja przyszłości z Anilem Guptą, ekspertem Blockchain

Kontekst: Blockchain, często kojarzony z kryptowalutami, ma zastosowania wykraczające daleko poza finanse. Anil Gupta, ekspert technologii blockchain, bada jej potencjał w obszarze marketingu.

Cel wywiadu: Celem było zrozumienie, w jaki sposób blockchain może zmienić marketing pod względem przejrzystości, bezpieczeństwa danych i nowych możliwości kampanii.

Kluczowe punkty wywiadu:

1. **Wprowadzenie do Blockchain w marketingu:**

   o   Anil Gupta zaczął od wyjaśnienia podstaw blockchaina oraz tego, w jaki sposób jego zdecentralizowany i bezpieczny charakter może przynieść korzyści marketingowi. Podkreślił znaczenie przejrzystości i identyfikowalności, jakie blockchain może wnieść do kampanii marketingowych.

2. **Praktyczne zastosowania:**

   o   Gupta omówił rzeczywiste zastosowania blockchain w marketingu, takie jak bezpieczne zarządzanie danymi klientów, przejrzyste śledzenie łańcuchów dostaw produktów marketingowych oraz tworzenie wydajniejszych i bezpieczniejszych programów lojalnościowych.

3. **Personalizacja i prywatność:**

   o   Podkreślił, jak blockchain może zrównoważyć personalizację marketingu z prywatnością danych.

Korzystając z blockchain, firmy mogą zapewniać spersonalizowane doświadczenia, zapewniając jednocześnie konsumentom większą kontrolę nad swoimi danymi.

4. **Wpływ na reklamę cyfrową:**

o   Gupta omówił potencjalny wpływ blockchain na reklamę cyfrową, w tym ograniczenie oszustw reklamowych i poprawę przejrzystości kampanii.

5. **Wyzwania i ograniczenia:**

o   Omówił także wyzwania związane z przyjęciem blockchainu w marketingu, takie jak złożoność technologiczna, potrzeba standaryzacji i kwestie regulacyjne.

6. **Wizja przyszłości:**

o   Podsumowując, Anil Gupta podzielił się swoją wizją przyszłości blockchain w marketingu. Przewiduje rosnące wykorzystanie blockchainu, co doprowadzi do bardziej przejrzystych, bezpiecznych i skoncentrowanych na konsumentach kampanii.

Wnioski z wywiadu: Wywiad z Anilem Guptą oferuje dogłębną perspektywę na rewolucyjny potencjał blockchain w marketingu. Wyniki badania pokazują, jak technologia ta może zmienić sposób, w jaki firmy zarządzają danymi klientów, prowadzą kampanie reklamowe i budują zaufanie odbiorców. Dla marketerów zrozumienie i przyjęcie blockchainu może być kluczowym czynnikiem pozwalającym zachować konkurencyjność w stale zmieniającej się cyfrowej przyszłości.

6. „Rewolucja w handlu elektronicznym": spostrzeżenia Mii Zhang, dyrektor generalnej E-Shop Innovations

Kontekst: Handel elektroniczny przeszedł szybką i ciągłą transformację, głęboko wpływając na nawyki zakupowe konsumentów. Mia Zhang, dyrektor generalna E-Shop Innovations, wiodącej firmy oferującej rozwiązania e-commerce, dzieli się swoimi spostrzeżeniami na temat obecnych i przyszłych trendów w branży.

Cel wywiadu: Celem było zebranie opinii ekspertów na temat rewolucji w handlu elektronicznym, ze szczególnym uwzględnieniem innowacji technologicznych, strategii marketingu cyfrowego i zmieniających się oczekiwań konsumentów.

Kluczowe punkty wywiadu:

1. **Ewolucja handlu elektronicznego:**
   o   Mia Zhang rozpoczęła od omówienia szybkiej ewolucji handlu elektronicznego, podkreślając, jak technologia zmieniła sposób, w jaki ludzie kupują i

sprzedają produkty. Podkreślono rosnące znaczenie doświadczenia użytkownika na platformach e-commerce.

2. **Innowacje technologiczne:**

o   Zhang mówił o najnowszych innowacjach, takich jak sztuczna inteligencja, rzeczywistość rozszerzona i chatboty, które zmieniają doświadczenia związane z zakupami online, czyniąc je bardziej interaktywnymi i spersonalizowanymi.

3. **Strategie marketingu cyfrowego:**

o   Podzieliła się spostrzeżeniami na temat skutecznych strategii marketingu cyfrowego w handlu elektronicznym, w tym znaczenia SEO, marketingu treści i mediów społecznościowych w celu przyciągnięcia i utrzymania klientów.

4. **Zachowania konsumentów:**

o   Zhang omówiła zmieniające się zachowania konsumentów, podkreślając rosnące zapotrzebowanie na szybkie, bezpieczne i spersonalizowane zakupy online.

5. **Wyzwania i możliwości:**

o   Odniosła się do wyzwań stojących przed sprzedawcami internetowymi, m.in. zarządzania logistyką, zwiększoną konkurencją i koniecznością ciągłego dostosowywania się do nowych technologii.

6. Przyszłość handlu elektronicznego:

o   Podsumowując, Mia Zhang podzieliła się swoją wizją przyszłości e-commerce, przewidującą dalszą integrację zaawansowanych technologii i większy nacisk na spersonalizowaną i wielokanałową obsługę klienta.

Wnioski z wywiadu: Wywiad z Mią Zhang oferuje cenny wgląd w stale zmieniającą się dynamikę handlu elektronicznego. Jego spostrzeżenia podkreślają znaczenie innowacji technologicznych i głębokiego zrozumienia zachowań konsumentów, aby odnieść sukces we współczesnym handlu elektronicznym. Dla firm działających w tym sektorze pozostawanie w awangardzie technologicznej i szybkie dostosowywanie się do zmian rynkowych jest niezbędne, aby zachować konkurencyjność i skutecznie zaspokajać potrzeby konsumentów.

7. „Zaangażowanie w media społecznościowe": strategie Laury Martinez, konsultantki ds. mediów społecznościowych

Kontekst: W świecie, w którym media społecznościowe stały się centralnym elementem komunikacji i marketingu, zaangażowanie na tych platformach ma kluczowe znaczenie dla osiągnięcia sukcesu w biznesie. Laura Martinez, doświadczona konsultantka ds. mediów społecznościowych, dzieli się swoimi strategiami maksymalizacji zaangażowania i budowania obecności marek w Internecie.

Cel wywiadu: Celem było zebranie skutecznych strategii i praktycznych wskazówek dotyczących poprawy zaangażowania w mediach społecznościowych, koncentrując się na najlepszych praktykach w zakresie nawiązywania kontaktu z odbiorcami i budowania widoczności marki.

Kluczowe punkty wywiadu:

1. **Zrozumienie odbiorców:**

   o Laura Martinez podkreśliła znaczenie głębokiego zrozumienia grupy docelowej. Zaleca analizę danych demograficznych, zainteresowań i zachowań, aby stworzyć treści, które przemówią do odbiorców.

2. **Jakość i spójna treść:**

   o Podkreśliła potrzebę tworzenia wysokiej jakości treści, spójnych i zgodnych z tożsamością marki. Treść powinna mieć charakter informacyjny, zabawny i angażujący, aby zachęcać do interakcji.

3. **Interakcja i responsywność:**

   o Martinez poradził, aby szybko reagować na komentarze i wiadomości, aby zbudować zaufanie odbiorców. Regularna interakcja zwiększa zaangażowanie i lojalność subskrybentów.

4. **Korzystanie z funkcji platformy:**

o　　Zaleciła pełne wykorzystanie funkcji oferowanych przez każdą platformę, takich jak Instagram Stories, Ankiety na Twitterze czy Facebook Live Video, aby urozmaicić treści i zwiększyć zaangażowanie.

5. **Kampanie i współpraca:**

o　　Laura zasugerowała prowadzenie interaktywnych kampanii, takich jak konkursy lub wyzwania, oraz współpracę z wpływowymi osobami, aby zwiększyć zasięg i przyciągnąć nowych obserwujących.

6. **Pomiary i analiza:**

o　　Podkreśliła znaczenie regularnego pomiaru wydajności za pomocą narzędzi analitycznych, aby zrozumieć, co się sprawdza, a co nie, co pozwala na odpowiednie dostosowanie strategii.

Wnioski z wywiadu: Wywiad z Laurą Martinez dostarcza cennych spostrzeżeń na temat optymalizacji zaangażowania w mediach społecznościowych. Jego rady podkreślają znaczenie zrozumienia odbiorców, tworzenia wysokiej jakości treści, aktywnej interakcji z subskrybentami, wykorzystywania funkcji platformy i mierzenia wpływu podjętych działań. W przypadku marek chcących wzmocnić swoją obecność w Internecie przyjęcie tych strategii może prowadzić do znacznego wzrostu zaangażowania i poprawy widoczności w mediach społecznościowych.

8. „Analiza danych dla marketingu": zaawansowane techniki z dr Rajeshem Kumarem, specjalistą ds. danych

Wstęp: Analityka danych odgrywa kluczową rolę we współczesnym marketingu, umożliwiając przedsiębiorstwom podejmowanie świadomych decyzji i optymalizację strategii. Dr Rajesh Kumar, uznany analityk danych, dzieli się swoimi spostrzeżeniami na temat wykorzystania zaawansowanych technik analizy danych w marketingu.

Cel wywiadu: Celem było zbadanie metod i zastosowań zaawansowanej analizy danych w marketingu, koncentrując się na tym, w jaki sposób firmy mogą wykorzystać te techniki do poprawy efektywności swoich kampanii marketingowych.

Kluczowe punkty wywiadu:

1. **Znaczenie analizy danych:**
   o Dr Kumar rozpoczął od podkreślenia znaczenia analityki danych w zrozumieniu zachowań konsumentów i mierzeniu skuteczności kampanii

marketingowych.

2. Zaawansowane techniki analizy:

o Omówił zaawansowane techniki, takie jak uczenie maszynowe, analityka predykcyjna i przetwarzanie języka naturalnego. Techniki te pozwalają identyfikować trendy, przewidywać zachowania konsumentów i optymalizować kampanie w czasie rzeczywistym.

3. Personalizacja marketingu:

o Dr Kumar wyjaśnił, w jaki sposób analityka danych umożliwia dalszą personalizację kampanii marketingowych, kierowanie do konsumentów komunikatów i ofert dostosowanych do ich indywidualnych potrzeb i preferencji.

4. Segmentacja rynku :

o Podkreślił znaczenie segmentacji rynku opartej na danych, umożliwiającej przedsiębiorstwom skuteczniejsze docieranie do określonych grup.

5. Pomiar wydajności:

o Dr Kumar omówił metody pomiaru i analizy efektywności kampanii marketingowych, wykorzystując kluczowe wskaźniki wydajności (KPI) do oceny zwrotu z inwestycji (ROI).

6. **Wyzwania i rozwiązania:**

o   Omówił także wyzwania związane z analityką danych, takie jak zarządzanie dużymi ilościami danych i zapewnienie ochrony prywatności konsumentów.

Wnioski z wywiadu: Wywiad z dr Rajeshem Kumarem dostarcza cennych spostrzeżeń na temat zastosowania zaawansowanej analizy danych w marketingu. Jego spostrzeżenia podkreślają znaczenie strategicznego wykorzystania danych w celu zrozumienia konsumentów, personalizowania kampanii i pomiaru skuteczności działań marketingowych. Dla firm chcących zoptymalizować swoje strategie marketingowe przyjęcie tych zaawansowanych technik analizy danych jest niezbędne, aby zachować konkurencyjność w środowisku biznesowym w coraz większym stopniu opartym na danych.

9. „Personalizacja w epoce cyfrowej": wywiad z Emily Robinson, ekspertką ds. marketingu spersonalizowanego

Tło: Personalizacja stała się kluczową częścią marketingu cyfrowego, umożliwiając firmom komunikowanie się z klientami w bardziej znaczący i skuteczny sposób. Emily Robinson, ekspert ds. marketingu spersonalizowanego, dzieli się swoimi spostrzeżeniami na temat najlepszych praktyk i trendów w tym obszarze.

Cel wywiadu: Celem było zrozumienie, w jaki sposób firmy mogą wykorzystać personalizację do poprawy zaangażowania klientów, zwiększenia konwersji i budowania lojalności wobec marki w dzisiejszym środowisku cyfrowym.

Kluczowe punkty wywiadu:

1. **Znaczenie personalizacji:**

   o   Emily Robinson rozpoczęła od podkreślenia rosnącego znaczenia personalizacji w marketingu cyfrowym. Wyjaśniła, jak personalizacja może poprawić doświadczenie klienta, czyniąc interakcje bardziej trafnymi i angażującymi.

2. **Wykorzystanie danych do personalizacji:**

   o   Omówiła wykorzystanie danych klientów do tworzenia spersonalizowanych doświadczeń. Obejmuje to analizę zachowań zakupowych, preferencji i przeszłych interakcji w celu zaoferowania dostosowanych rekomendacji i treści.

3. **Technologie personalizacji:**

   o   Robinson omówił różne technologie ułatwiające personalizację, takie jak sztuczna inteligencja, uczenie maszynowe i automatyzacja marketingu, które umożliwiają personalizację na dużą skalę.

4. **Spersonalizowane strategie dotyczące treści:**

o   Podzieliła się strategiami tworzenia skutecznych spersonalizowanych treści, podkreślając znaczenie zrozumienia unikalnych potrzeb i pragnień każdego segmentu klientów.

5. **Wyzwania dostosowywania:**

o   Emily omówiła także wyzwania związane z personalizacją, w tym zarządzanie prywatnością danych i równoważenie personalizacji z nadmiarem informacji.

6. **Przyszłość personalizacji:**

o   Podsumowując, podzieliła się swoją wizją przyszłości personalizacji w marketingu cyfrowym, przewidując wzrost wykorzystania zaawansowanych technologii i jeszcze bardziej wyrafinowaną i zintegrowaną personalizację.

Wnioski z wywiadu: Wywiad z Emily Robinson dostarcza cennych spostrzeżeń na temat personalizacji w marketingu cyfrowym. Jego rady podkreślają znaczenie strategicznego wykorzystania danych i technologii w celu tworzenia spersonalizowanych i zapadających w pamięć doświadczeń klientów. Dla firm, które chcą wyróżnić się w zatłoczonym cyfrowym krajobrazie, przyjęcie zaawansowanych strategii personalizacji jest niezbędne, aby skutecznie angażować klientów i budować lojalność wobec marki.

10. „SEO i widoczność w Internecie": wskazówki Kevina Patela, guru SEO

Kontekst: W cyfrowym świecie, gdzie widoczność w Internecie jest niezbędna do osiągnięcia sukcesu w biznesie, naturalne odniesienia (SEO) odgrywają kluczową rolę. Kevin Patel, uznany ekspert SEO, dzieli się swoimi wskazówkami i strategiami poprawy widoczności firm w Internecie.

Cel wywiadu: Celem było zebranie praktycznych wskazówek i sprawdzonych strategii optymalizacji SEO i poprawy obecności firm w Internecie, ze szczególnym uwzględnieniem najlepszych praktyk zwiększania ruchu organicznego i widoczności w wyszukiwarkach.

Kluczowe punkty wywiadu:

1. **Znaczenie SEO:**
   o   Kevin Patel zaczął od podkreślenia znaczenia SEO w dzisiejszym marketingu cyfrowym. Wyjaśnił, jak dobre SEO może prowadzić do zwiększenia widoczności, jakości ruchu i większej wiarygodności w Internecie.

2. **Szukanie słowa kluczowego:**

o Patel podkreślił znaczenie badania słów kluczowych dla zrozumienia, czego szukają docelowi odbiorcy. Doradził wykorzystanie narzędzi do badania słów kluczowych w celu zidentyfikowania odpowiednich haseł o dużym potencjale.

3. **Optymalizacja na stronie:**

o Podzielił się wskazówkami dotyczącymi optymalizacji strony, w tym tworzenia atrakcyjnych tytułów i meta opisów, prawidłowego używania tagów H1 i H2 oraz optymalizacji obrazów.

4. **Jakość treści:**

o Kevin podkreślił znaczenie tworzenia wysokiej jakości treści, które mają charakter informacyjny i odpowiedni dla odbiorców. Polecił tworzenie treści, które odpowiadają na pytania użytkowników i dodają wartość.

5. **SEO techniczne:**

o Poruszył techniczną stronę SEO, mówiąc o znaczeniu szybkości ładowania witryny, kompatybilności z urządzeniami mobilnymi i przejrzystej struktury adresów URL.

6. **Linki zwrotne i uprawnienia domeny:**

o Patel omówił znaczenie linków zwrotnych dla budowania autorytetu domeny. Doradził przyjęcie etycznych strategii budowania linków, aby uzyskać wysokiej jakości linki z wiarygodnych witryn.

7. **Pomiary i analiza:**

o   Na koniec podkreślił znaczenie pomiaru i analizowania wydajności SEO za pomocą narzędzi takich jak Google Analytics i Google Search Console, aby zrozumieć, co działa, a co można ulepszyć.

Wnioski z wywiadu: Wywiad z Kevinem Patelem dostarcza cennych spostrzeżeń na temat optymalizacji SEO w celu poprawy widoczności w Internecie. Jego rady podkreślają znaczenie dobrze zaplanowanej strategii SEO, obejmującej badanie słów kluczowych, optymalizację na stronie, tworzenie wysokiej jakości treści, aspekty techniczne i solidną strategię linków zwrotnych. W przypadku firm, które chcą zwiększyć swoją obecność w Internecie, zastosowanie się do tych wskazówek może prowadzić do znacznej poprawy widoczności w wyszukiwarkach i zwiększenia ruchu organicznego.

11. „Marketing mobilny i aplikacje": trendy i porady Omara Farooqa, programisty aplikacji mobilnych

Kontekst: Wraz ze stałym wzrostem wykorzystania smartfonów marketing mobilny i aplikacje stały się niezbędnymi narzędziami docierania do konsumentów. Omar Farooq, doświadczony programista aplikacji mobilnych, dzieli się swoimi spostrzeżeniami na temat najnowszych trendów i podpowiada, jak odnieść sukces w marketingu mobilnym.

Cel wywiadu: Celem było zbadanie obecnych i przyszłych strategii marketingu mobilnego, koncentrując się na tym, w jaki sposób firmy mogą wykorzystywać aplikacje mobilne do poprawy zaangażowania klientów i zwiększenia sprzedaży.

Kluczowe punkty wywiadu:

1. **Rosnące znaczenie marketingu mobilnego:**

   o   Omar Farooq rozpoczął od podkreślenia rosnącego znaczenia marketingu mobilnego w dzisiejszym krajobrazie. Wyjaśnił, w jaki sposób smartfony stały się preferowanym kanałem komunikacji dla wielu konsumentów.

2. **Tworzenie aplikacji mobilnych:**

   o   Farooq podzielił się spostrzeżeniami na temat tworzenia aplikacji mobilnych, podkreślając znaczenie tworzenia intuicyjnych, szybkich i angażujących aplikacji, które zapewniają użytkownikom prawdziwą wartość.

3. **Personalizacja i doświadczenie użytkownika:**

   o   Podkreślił znaczenie personalizacji w aplikacjach mobilnych dla poprawy doświadczenia użytkownika.

Farooq zaleca wykorzystywanie danych użytkownika w celu dostarczania spersonalizowanych i odpowiednich doświadczeń.

4. **Integracja zaawansowanych funkcji:**

o   Omar omówił integrację zaawansowanych funkcji, takich jak rzeczywistość rozszerzona, chatboty i sztuczna inteligencja, aby wzbogacić doświadczenia użytkowników i zwiększyć zaangażowanie.

5. **Strategie monetyzacji:**

o   Omówił różne strategie zarabiania na aplikacjach mobilnych, w tym zakupy w aplikacji, subskrypcje i reklamy ukierunkowane.

6. **Znaczenie aktualizacji i wsparcia:**

o   Farooq podkreślił znaczenie aktualizowania aplikacji o najnowsze funkcje i zapewniania terminowego wsparcia w celu poprawy zadowolenia użytkowników.

7. **Przyszłe trendy w marketingu mobilnym:**

o   Na zakończenie podzielił się swoją wizją przyszłych trendów w marketingu mobilnym, przewidując wzrost wykorzystania nowych technologii w celu tworzenia bardziej wciągających i interaktywnych doświadczeń użytkowników.

Wnioski z wywiadu: Wywiad z Omarem Farooqiem oferuje cenne spojrzenie na marketing mobilny i rozwój aplikacji. Jego rada podkreśla znaczenie tworzenia zorientowanych na użytkownika aplikacji mobilnych, które integrują zaawansowane funkcje i zapewniają spersonalizowane doświadczenia. W przypadku firm, które chcą wyróżnić się na zatłoczonym rynku urządzeń mobilnych, przyjęcie tych strategii może prowadzić do znacznej poprawy zaangażowania klientów i zwiększenia przychodów.

12. „Influencerzy i marki": Efektywna współpraca z Sarah Johnson, specjalistką ds. marketingu influencerów

Kontekst: Marketing wpływowy stał się kluczową częścią strategii marki w dzisiejszym cyfrowym świecie. Sarah Johnson, uznana ekspertka w dziedzinie influencer marketingu, dzieli się swoimi spostrzeżeniami na temat tego, jak marki mogą skutecznie współpracować z influencerami, aby zmaksymalizować ich wpływ.

Cel wywiadu: Celem było poznanie najlepszych praktyk współpracy między markami i influencerami, koncentrując się na tworzeniu autentycznych i korzystnych dla obu stron partnerstw.

Kluczowe punkty wywiadu:

1. **Wybór influencerów:**

o   Sarah Johnson rozpoczęła od podkreślenia znaczenia wyboru influencerów, których wizerunek i wartości odpowiadają wizerunkowi marki. Doradzała analizę odbiorców, zaangażowania i wiarygodności influencera przed nawiązaniem współpracy.

2. **Rozwijanie autentycznych relacji:**

o   Podkreśliła, jak ważne jest budowanie autentycznych relacji z influencerami. Wiąże się to ze współpracą z influencerami, którzy naprawdę pasjonują się marką i jej produktami.

3. **Strategie dotyczące treści:**

o   Johnson omówił strategie dotyczące treści w kampaniach z influencerami, zalecając pozostawienie influencerom pewnej swobody twórczej w tworzeniu treści, które w naturalny sposób rezonują z odbiorcami.

4. **Pomiar wpływu:**

o   Omówiła znaczenie pomiaru wpływu kampanii influencerów przy użyciu takich wskaźników, jak zaangażowanie, zasięg i zwrot z inwestycji (ROI).

5. **Trendy i innowacje:**

o   Sarah podzieliła się swoimi spostrzeżeniami na temat obecnych i przyszłych trendów w influencer marketingu, w tym rosnącego wykorzystania mikroinfluencerów oraz integracji rzeczywistości rozszerzonej i wirtualnej w kampaniach.

6. **Wyzwania i rozwiązania:**

o   Omówiła także typowe wyzwania we współpracy marek i influencerów, takie jak zarządzanie oczekiwaniami i utrzymanie autentyczności, oraz zaproponowała rozwiązania umożliwiające ich przezwyciężenie.

Wnioski z wywiadu: Wywiad z Sarah Johnson dostarcza cennych informacji na temat współpracy marek i influencerów w dzisiejszym marketingu. Jego rady podkreślają znaczenie wyboru właściwych influencerów, rozwijania autentycznych relacji, tworzenia angażujących treści i mierzenia wpływu kampanii. W przypadku marek, które chcą wykorzystać marketing wpływowy, przestrzeganie tych strategii może prowadzić do skuteczniejszych partnerstw i większego rezonansu z docelowymi odbiorcami.

13. „Doświadczenie użytkownika i projektowanie stron

internetowych": kluczowe zasady z Diego Martinezem, projektantem UX/UI

Tło: Doświadczenie użytkownika (UX) i interfejs użytkownika (UI) mają kluczowe znaczenie dla sukcesu każdego produktu cyfrowego. Diego Martinez, doświadczony projektant UX/UI, dzieli się swoimi kluczowymi zasadami tworzenia angażujących i intuicyjnych doświadczeń internetowych.

Cel wywiadu: Celem było poznanie najlepszych praktyk w projektowaniu UX/UI, koncentrując się na tym, jak tworzyć strony internetowe i aplikacje, które spełniają potrzeby użytkowników, a jednocześnie są estetyczne.

Kluczowe punkty wywiadu:

1. **Zrozumienie użytkownika:**

   o Diego Martinez rozpoczął od podkreślenia znaczenia zrozumienia potrzeb, pragnień i zachowań użytkowników. Zalecił szeroko zakrojone badania użytkowników, w tym wywiady i testy użyteczności, aby kierować projektem.

2. **Prostota i przejrzystość:**

   o Podkreślił potrzebę zachowania prostoty i przejrzystości w projekcie. Obejmuje to korzystanie z intuicyjnej nawigacji, zmniejszanie przeciążenia poznawczego i tworzenie przejrzystych interfejsów.

3. **Spójność w projektowaniu:**

o   Martinez mówił o znaczeniu spójności w projektowaniu, wykorzystując powtarzające się elementy projektu, harmonijne palety kolorów i jednolitą typografię, aby zapewnić spójne doświadczenie użytkownika.

4. **Elastyczny projekt:**

o   Omówił znaczenie projektowania responsywnego, zapewniającego dobre działanie stron internetowych i aplikacji na różnych urządzeniach i rozmiarach ekranów.

5. **Dostępność:**

o   Diego podkreślił znaczenie dostępności w projektowaniu UX/UI, zapewniając, że produkty cyfrowe będą mogły być używane przez osoby o różnych umiejętnościach.

6. **Testowanie i iteracja:**

o   Zalecił ciągłe testowanie z prawdziwymi użytkownikami i iterację w oparciu o opinie, aby stale poprawiać wygodę użytkownika.

7. **Trendy i innowacje:**

o   Podsumowując, Martinez podzielił się swoim spojrzeniem na obecne i przyszłe trendy w UX/UI, takie jak przyjęcie sztucznej inteligencji, projektowanie pod kątem urządzeń do noszenia i rzeczywistość rozszerzona. **Wnioski z wywiadu:** Wywiad z Diego Martinezem dostarcza cennych informacji na temat projektowania UX/UI. Jej kluczowe zasady podkreślają znaczenie zrozumienia użytkowników, tworzenia prostych i spójnych projektów, zapewnienia dostępności i przyjęcia podejścia iteracyjnego opartego na testowaniu. W przypadku projektantów i programistów, którzy chcą tworzyć wyjątkowe doświadczenia w Internecie i na urządzeniach mobilnych, przestrzeganie tych wskazówek może prowadzić do powstania bardziej intuicyjnych, wciągających i skutecznych produktów.

14. „Zrównoważony rozwój i marketing": podejście etyczne z Norą Khaled, konsultantką ds. zrównoważonego rozwoju

Kontekst: W świecie coraz bardziej świadomym kwestii środowiskowych i społecznych, zrównoważony rozwój stał się kluczowym aspektem marketingu. Nora Khaled, konsultantka ds. zrównoważonego rozwoju, dzieli się swoimi spostrzeżeniami na temat włączania zrównoważonych i etycznych praktyk do strategii marketingowych.

Cel wywiadu: Celem było zbadanie, w jaki sposób

firmy mogą przyjąć podejście marketingowe, które nie tylko respektuje zasady zrównoważonego rozwoju, ale także przyczynia się do pozytywnego i odpowiedzialnego wizerunku marki.

Kluczowe punkty wywiadu:

1. **Znaczenie zrównoważonego rozwoju w marketingu:**

   o   Nora Khaled podkreśliła rosnące znaczenie zrównoważonego rozwoju w decyzjach konsumenckich. Wyjaśniła, jak zrównoważone podejście może wzmocnić reputację marki i zwiększyć lojalność klientów.

2. **Przejrzystość i autentyczność:**

   o   Podkreśliła potrzebę przejrzystości i autentyczności marek w swoich zrównoważonych praktykach. Obejmuje to uczciwą komunikację na temat wysiłków na rzecz zrównoważonego rozwoju i wpływu na środowisko.

3. **Zielony marketing i komunikacja:**

   o   Khaled omówił ekologiczne strategie marketingowe, zalecając podkreślanie ekologicznych inicjatyw firmy w komunikacji marketingowej, unikając jednocześnie „greenwashingu".

4. **Zaangażowanie w odpowiedzialność społeczną:**

   o   Podkreśliła znaczenie zaangażowania społecznego przedsiębiorstw, zachęcając marki do wspierania istotnych celów społecznych i środowiskowych.

5. **Zrównoważona innowacja:**

o Nora poruszyła kwestię znaczenia innowacji w opracowywaniu zrównoważonych produktów i usług, zachęcając przedsiębiorstwa do włączania zrównoważonych praktyk już na etapie projektowania.

6. **Partnerstwa i współpraca:**

o Doradzała tworzenie partnerstw z organizacjami zajmującymi się zrównoważonym rozwojem i grupami ekologicznymi w celu wzmocnienia wiarygodności i wpływu inicjatyw na rzecz zrównoważonego rozwoju.

7. **Pomiar wpływu:**

o Khaled podkreślił znaczenie pomiaru i komunikowania wpływu zrównoważonych inicjatyw za pomocą jasnych wskaźników, aby wykazać zaangażowanie firmy w zrównoważony rozwój.

Wnioski z wywiadu: Wywiad z Norą Khaled dostarcza cennych spostrzeżeń na temat włączania zrównoważonego rozwoju do marketingu. Jego rady podkreślają znaczenie przejrzystości, autentyczności, zrównoważonych innowacji i zaangażowania społecznego dla marek pragnących przyjąć etyczne praktyki marketingowe. W przypadku firm, które chcą pozycjonować się jako odpowiedzialne i świadome ekologicznie, przestrzeganie tych strategii może nie tylko poprawić wizerunek ich marki, ale także pozytywnie wpłynąć na społeczeństwo i środowisko.

Modele i przykłady strategii

Modele planowania strategicznego

Planowanie strategiczne jest niezbędne dla każdej firmy, która chce skutecznie poruszać się w stale zmieniającym się krajobrazie biznesowym. Poniżej znajduje się przewodnik po modelach planowania strategicznego, które można wykorzystać do ustrukturyzowania procesu opracowywania skutecznych strategii i kierowania nim.

1. **Analiza SWOT (mocne i słabe strony, szanse, zagrożenia):**

   o   Model ten obejmuje ocenę wewnętrznych mocnych i słabych stron firmy, a także zewnętrznych szans i zagrożeń. Pomaga zidentyfikować kluczowe obszary, na których należy się skoncentrować, aby ulepszyć i rozwijać swój biznes.

2. **Cele SMART (konkretne, mierzalne, osiągalne, realistyczne, określone w czasie):**

   o   Cele SMART pomagają wyznaczyć jasne, osiągalne cele dla Twojej firmy. Model ten gwarantuje, że każdy cel jest konkretny, mierzalny, osiągalny, realistyczny i określony w czasie.

3. **Model pięciu sił Portera:**

○ Model ten analizuje pięć sił wpływających na konkurencyjność w branży: zagrożenie pojawieniem się nowych uczestników, siła przetargowa dostawców, siła przetargowa klientów, zagrożenie ze strony produktów lub usług substytucyjnych oraz intensywność konkurencji konkurencyjnej.

4. **Planowanie oparte na scenariuszach:**

○ Planowanie oparte na scenariuszach polega na tworzeniu różnych możliwych scenariuszy na przyszłość. Pomaga to firmom rozważyć różne możliwości i opracować elastyczne strategie, które można dostosować do nieprzewidzianych zmian.

5. **Model McKinseya 7S:**

○ Model ten bada siedem wzajemnie powiązanych elementów tworzących organizację: strukturę, strategię, systemy, styl, ludzi, umiejętności i wspólne wartości. Służy do zapewnienia, że wszystkie aspekty działalności są ze sobą spójne i skutecznie współdziałają.

6. **Model planowania strategicznego Ansoffa:**

o   Model Ansoffa, czyli macierz wzrostu, pomaga firmom określić strategię wzrostu poprzez ocenę opcji rynkowych i produktowych, w tym penetracji rynku, rozwoju rynku, rozwoju produktów i dywersyfikacji.

7. **Model planowania strategicznego Boston Consulting Group (BCG):**

o   BCG Matrix to narzędzie do planowania strategicznego, które pomaga firmom ocenić portfele produktów lub jednostek biznesowych na podstawie ich udziału w rynku i tempa wzrostu rynku.

8. **Model planowania strategicznego zrównoważonej karty wyników:**

o   Zrównoważona Karta Wyników to ramy zarządzania strategicznego stosowane do śledzenia i zarządzania wynikami organizacji poprzez skupienie się na kluczowych wskaźnikach z czterech perspektyw: finansowej, klienta, procesów wewnętrznych oraz uczenia się i wzrostu.

9. **Model planowania strategicznego Błękitnego Oceanu:**

o   Model Błękitnego Oceanu zachęca firmy do wychodzenia z nasyconych rynków (czerwone oceany) i tworzenia nowych przestrzeni rynkowych (niebieskie oceany), gdzie konkurencja jest mniej intensywna.

10. Model planowania strategicznego PESTEL:

o Analiza PESTEL bada czynniki polityczne, ekonomiczne, społeczne, technologiczne, środowiskowe i prawne, które mogą mieć wpływ na biznes. Służy do identyfikacji trendów zewnętrznych, które mogą mieć wpływ na strategię firmy.

Każdy z tych modeli oferuje unikalne podejście do pomagania firmom w opracowywaniu skutecznych strategii i planowaniu na przyszłość. Dzięki nim firmy mogą lepiej zrozumieć swoje otoczenie, zidentyfikować możliwości rozwoju i przygotować się na przyszłe wyzwania.

Przykłady strategii marketingu cyfrowego

Marketing cyfrowy to dynamiczna i stale rozwijająca się dziedzina. Oto rzeczywiste przykłady strategii marketingu cyfrowego, które można zastosować w celu poprawy widoczności, zaangażowania i konwersji.

1. **Optymalizacja wyszukiwarek (SEO):**

o **Przykład:** Firma modowa wdraża kompleksową strategię SEO, obejmującą badanie słów kluczowych w celu zidentyfikowania najczęściej wyszukiwanych haseł w swojej branży, optymalizację zawartości swojej witryny internetowej oraz budowanie wysokiej jakości linków w celu poprawy jej pozycji w wynikach wyszukiwania.

2. **Marketing treści:**

o   **Przykład:** Producent sprzętu sportowego prowadzi bogaty w treści blog, na którym znajdziesz wskazówki treningowe, recenzje produktów i inspirujące historie sportowców. Treści są regularnie udostępniane w mediach społecznościowych, aby zwiększyć zaangażowanie i ruch w witrynie.

3. **Marketing mediów społecznościowych:**

o   **Przykład:** startup technologiczny korzysta z mediów społecznościowych, aby udostępniać aktualizacje produktów, referencje klientów i filmy demonstracyjne. Angażuje także odbiorców za pomocą pytań i odpowiedzi na żywo oraz konkursów.

4. **Płatne reklamy (PPC):**

o   **Przykład:** Lokalna restauracja rozpoczyna płatną kampanię reklamową w Google Ads i Facebooku, skierowaną do określonych słów kluczowych i lokalnych odbiorców, aby promować swoje specjały i zwiększać liczbę rezerwacji.

5. **Marketing e-mailowy:**

o   **Przykład:** Księgarnia internetowa tworzy comiesięczny biuletyn oferujący recenzje książek, wywiady z autorami i ekskluzywne rabaty. Segmentuje listę subskrybentów, aby spersonalizować rekomendacje czytelnicze w oparciu o zainteresowania każdego abonenta.

6. **Marketing wpływowy:**

o   **Przykład:** marka kosmetyków współpracuje z wpływowymi osobami na Instagramie i YouTube, aby tworzyć treści wokół swoich produktów. Influencerzy dzielą się swoimi doświadczeniami z produktami i oferują swoim obserwującym kody rabatowe.

7. **Strategie dotyczące treści wideo:**

o   **Przykład:** firma zajmująca się fitnessem tworzy w YouTube serię filmów ze wskazówkami dotyczącymi ćwiczeń i dobrego samopoczucia, przyciągając zaangażowanych odbiorców i zwiększając świadomość marki.

8. **Optymalizacja urządzeń mobilnych i marketing aplikacji:**

o   **Przykład:** aplikacja do dostawy jedzenia optymalizuje swoją witrynę i aplikację pod kątem urządzeń mobilnych, zapewniając bezproblemową obsługę. Wykorzystuje również ukierunkowane kampanie reklamowe, aby zachęcić do pobrania aplikacji.

9. **Zautomatyzowane** **strategie**

marketingowe:

○ **Przykład:** Dostawca usług B2B korzysta z narzędzi automatyzacji do śledzenia potencjalnych klientów, wysyłania spersonalizowanych wiadomości e-mail na podstawie zachowań użytkowników i dbania o potencjalnych klientów na wszystkich etapach podróży klienta.

10. **Wykorzystanie danych i analiz do podejmowania decyzji:**

○ **Przykład:** Sprzedawca internetowy korzysta z narzędzi analitycznych, aby śledzić zachowanie użytkowników w swojej witrynie, identyfikować najpopularniejsze produkty i odpowiednio dostosowywać swój asortyment i strategię marketingową.

Te przykłady ilustrują, jak różne strategie marketingu cyfrowego można zastosować w różnych kontekstach, aby osiągnąć określone cele, poprawić zaangażowanie klientów i pobudzić rozwój firmy.

Strategie influencer marketingu

Influencer marketing to kluczowa strategia w dzisiejszym cyfrowym świecie, umożliwiająca markom nawiązywanie kontaktu z grupą docelową za pośrednictwem wpływowych osobistości w mediach społecznościowych. Oto szczegółowe strategie wdrażania skutecznego influencer marketingu.

1. **Identyfikacja i selekcja odpowiednich influencerów:**

o   **Strategia:** Poszukaj influencerów, których grupa docelowa jest zgodna z grupą docelową Twojej marki. Skorzystaj z narzędzi analitycznych mediów społecznościowych, aby ocenić ich zasięg, zaangażowanie i trafność. Faworyzuj influencerów, których styl i wartości odpowiadają stylowi i wartościom Twojej marki.

2. **Rozwijanie autentycznych relacji z influencerami:**

o   **Strategia:** Buduj długoterminowe relacje z influencerami. Zacznij od autentycznych interakcji na ich platformach, takich jak komentowanie ich postów lub udostępnianie ich treści, zanim zaoferujesz im partnerstwo.

3. **Tworzenie wspólnych treści:**

o   **Strategia:** współpracuj z wpływowymi osobami, aby tworzyć treści, które będą naturalne i autentyczne w ich zwykłym stylu. Treść powinna zapewniać wartość odbiorcom, jednocześnie subtelnie podkreślając Twoją markę.

4. **Ukierunkowane kampanie oparte na wydarzeniach lub premierach:**

o   **Strategia:** Wykorzystaj

marketing wpływowy w konkretnych kampaniach, takich jak wprowadzenie na rynek nowego produktu lub wydarzenie specjalne. Influencerzy mogą wywołać szum wokół wydarzenia i zwrócić uwagę na Twoją markę.

5. **Korzystanie z kodów promocyjnych i linków śledzących:**

o   **Strategia:** Zapewnij influencerom ekskluzywne kody promocyjne lub linki śledzące. Pomaga to nie tylko zmierzyć skuteczność kampanii, ale także stanowi namacalną zachętę dla odbiorców do nawiązania kontaktu z Twoją marką.

6. **Zaangażowanie na wielu platformach:**

o   **Strategia:** Zaangażuj influencerów na wielu platformach (Instagram, YouTube, TikTok itp.), aby zmaksymalizować zasięg. Dostosuj treść do każdej platformy, aby uzyskać lepszy rezonans z grupą docelową.

7. **Analiza i pomiar wydajności:**

o   **Strategia:** Użyj narzędzi analitycznych, aby śledzić skuteczność kampanii marketingowych z udziałem influencerów. Mierz zaangażowanie, zasięg, wygenerowany ruch i konwersje, aby ocenić zwrot z inwestycji i dostosować przyszłe strategie.

8. **Influencer Marketing i CSR (Społeczna**

Odpowiedzialność Biznesu):

o   **Strategia:** Zintegruj inicjatywy CSR ze swoimi kampaniami marketingowymi z udziałem influencerów. Współpracuj z wpływowymi osobami przy projektach podkreślających wysiłki Twojej marki w zakresie zrównoważonego rozwoju lub odpowiedzialności społecznej.

9. **Narracja i opowiadanie historii:**

o   **Strategia:** zachęcaj influencerów do opowiadania fascynujących historii na temat Twojej marki. Opowiadanie historii może stworzyć głębszą więź emocjonalną z publicznością.

10. **Innowacje i trendy:**

o   **Strategia:** Bądź na bieżąco z najnowszymi trendami w marketingu influencerów, takimi jak korzystanie z wirtualnych influencerów lub korzystanie z nowych funkcji mediów społecznościowych, aby Twoje kampanie były świeże i wciągające.

Wdrażając te strategie, firmy mogą w pełni wykorzystać marketing wpływowy, aby zwiększyć świadomość, zaangażować docelowych odbiorców i zwiększyć konwersje.

Szablony strategii SEO

Optymalizacja wyszukiwarek (SEO) to kluczowa część marketingu cyfrowego, pomagająca stronom internetowym poprawić ich widoczność i rankingi w wyszukiwarkach. Oto kilka szablonów strategii SEO, które możesz zastosować, aby zoptymalizować swoją obecność w Internecie.

1. **Optymalizacja na stronie:**

o   **Strategia:** Skoncentruj się na optymalizacji poszczególnych elementów witryny, takich jak tytuły, metaopisy, wysokiej jakości treści i strategiczne użycie słów kluczowych. Upewnij się, że każda strona jest zoptymalizowana pod kątem konkretnych, trafnych słów kluczowych.

2. **Optymalizacja techniczna:**

o   **Strategia:** Popraw techniczne aspekty swojej witryny, aby była bardziej dostępna dla wyszukiwarek. Obejmuje to poprawę szybkości witryny, utworzenie pliku mapy witryny XML, optymalizację adresów URL i zapewnienie, że witryna jest dostosowana do urządzeń mobilnych.

3. **Tworzenie wysokiej jakości treści:**

o   **Strategia:** Twórz treści informacyjne, istotne i wysokiej jakości, które odpowiadają potrzebom i pytaniom docelowych odbiorców. Korzystaj z różnych formatów, takich jak posty na blogu, filmy, infografiki i studia przypadków.

4. **Budynek łączący:**

o   **Strategia:** Skoncentruj

się na pozyskiwaniu wysokiej jakości linków zwrotnych z wiarygodnych stron internetowych. Korzystaj z technik takich jak blogowanie gości, współpraca z innymi witrynami i tworzenie treści, które można udostępniać, które w naturalny sposób przyciągają linki.

5. **Pozycjonowanie lokalne:**

o   **Strategia:** jeśli masz firmę stacjonarną lub lokalną publiczność, zoptymalizuj swoją obecność w Internecie pod kątem wyszukiwań lokalnych. Obejmuje to utworzenie strony Google Moja Firma, optymalizację pod kątem lokalnych słów kluczowych i zbieranie opinii klientów.

6. **Analiza konkurencji:**

o   **Strategia:** Analizuj strategie SEO konkurencji, aby zidentyfikować możliwości i luki we własnej strategii. Skorzystaj z narzędzi do analizy słów kluczowych, na które się pozycjonują, uzyskanych linków zwrotnych i wydajności ich treści.

7. **Optymalizacja   wyszukiwania głosowego:**

o   **Strategia:** Zoptymalizuj swoje treści pod wyszukiwanie głosowe, używając języka naturalnego i fraz kluczowych w formie pytań. Skoncentruj się na zapytaniach typu long-tail i bezpośrednich odpowiedziach na często zadawane pytania.

8. **Monitorowanie i analiza wydajności:**

o   **Strategia:** użyj narzędzi takich jak Google Analytics i Google Search Console, aby śledzić wydajność swojej witryny. Analizuj wskaźniki, takie jak ruch organiczny, współczynnik odrzuceń i pozycje w rankingu, aby dostosować strategię SEO.

9. **Pozycjonowanie mobilne:**

o   **Strategia:** Upewnij się, że Twoja witryna jest w pełni zoptymalizowana pod kątem urządzeń mobilnych. Obejmuje to responsywny projekt, krótki czas ładowania i płynną obsługę użytkownika mobilnego.

10. **Wykorzystanie   danych strukturalnych:**

o   **Strategia:** Wdróż dane strukturalne (znaczniki schematu), aby pomóc wyszukiwarkom lepiej zrozumieć treść Twojej witryny. Może to poprawić sposób wyświetlania Twoich stron w wynikach wyszukiwania z fragmentami rozszerzonymi.

Wdrażając te strategie SEO, możesz znacznie poprawić widoczność swojej witryny w wyszukiwarkach, przyciągnąć więcej kwalifikowanego ruchu i ostatecznie zwiększyć współczynnik konwersji.

Strategie Zrównoważonego Rozwoju

Zrównoważony rozwój stał się kluczowym aspektem strategii biznesowej, nie tylko ze względu na jego pozytywny wkład w środowisko i społeczeństwo, ale także ze względu na zdolność do generowania długoterminowej wartości dla firmy. Oto strategie zrównoważonego rozwoju, które firmy mogą przyjąć, aby włączyć odpowiedzialne praktyki do swojej działalności.

1. **Ocena oddziaływania na środowisko:**

   o **Strategia:** Przeprowadź kompleksową ocenę wpływu swojej firmy na środowisko. Obejmuje to analizę zużycia energii, emisji gazów cieplarnianych, zużycia wody i gospodarki odpadami. Wykorzystaj te dane, aby zidentyfikować obszary wymagające poprawy.

2. **Zmniejszenie śladu węglowego:**

   o **Strategia:** Wdrażaj środki mające na celu zmniejszenie śladu węglowego Twojej firmy. Może to obejmować wykorzystanie energii odnawialnej, poprawę efektywności energetycznej budynków i procesów oraz ograniczenie podróży poprzez promowanie telepracy lub zrównoważonych podróży służbowych.

3. **Zrównoważone zarządzanie zasobami:**

   o **Strategia:** Przyjęcie praktyk

zrównoważonego zarządzania zasobami. Może to obejmować zmniejszenie zużycia surowców, materiałów pochodzących z recyklingu oraz stosowanie produktów pochodzących z recyklingu lub ulegających biodegradacji.

4. **Odpowiedzialny łańcuch dostaw:**

o   **Strategia:** Upewnij się, że Twój łańcuch dostaw jest etyczny i zrównoważony. Obejmuje to wybór dostawców, którzy przestrzegają standardów środowiskowych i społecznych oraz wdrażanie zasad odpowiedzialnego zaopatrzenia.

5. **Zaangażowanie w CSR (społeczną odpowiedzialność biznesu):**

o   **Strategia:** Opracuj i wdrażaj inicjatywy CSR, które są zgodne z wartościami Twojej firmy. Może to obejmować programy wolontariatu pracowniczego, datki na cele społeczne i partnerstwa z organizacjami non-profit.

6. **Zrównoważona innowacja:**

o   **Strategia:** Zachęcaj do zrównoważonych innowacji w swojej firmie. Inwestuj w badania i rozwój ekologicznych produktów i usług oraz odkrywaj nowe, bardziej zrównoważone metody produkcji.

7. **Komunikacja i przejrzystość:**

○ **Strategia:** Otwarcie komunikuj swoje zobowiązania i osiągnięcia w zakresie zrównoważonego rozwoju. Publikuj raporty dotyczące zrównoważonego rozwoju i korzystaj z platform komunikacyjnych, aby podnosić świadomość na temat swoich wysiłków.

8. **Szkolenie i świadomość pracowników:**

○ **Strategia:** Szkoluj i podnoś świadomość swoich pracowników na temat praktyk zrównoważonego rozwoju. Zachęć ich do przyjęcia ekologicznych zachowań w pracy i życiu osobistym.

9. **Integracja zrównoważonego rozwoju z kulturą korporacyjną:**

○ **Strategia:** Spraw, aby zrównoważony rozwój stał się integralną częścią kultury Twojej firmy. Może to obejmować ustanowienie zrównoważonych polityk wewnętrznych i zachęcanie do podejścia zrównoważonego na wszystkich poziomach organizacji.

10. **Współpraca i partnerstwo:**

○ **Strategia:** Współpraca z innymi firmami, rządami i organizacjami pozarządowymi w celu promowania inicjatyw na rzecz zrównoważonego rozwoju. Partnerstwa mogą pomóc w dzieleniu się wiedzą, zasobami i osiąganiu większego wpływu.

Przyjmując te strategie zrównoważonego rozwoju,

przedsiębiorstwa mogą nie tylko wnieść pozytywny wkład w środowisko i społeczeństwo, ale także wzmocnić swoją markę, poprawić swoją konkurencyjność i zapewnić długoterminową rentowność.

Strategie personalizacji klienta

Personalizacja klienta to kluczowa strategia poprawiająca jakość obsługi klienta, zwiększająca jego lojalność i zwiększająca sprzedaż. Oto strategie personalizacji klienta, które firmy mogą zastosować, aby zapewnić bardziej ukierunkowane i trafne doświadczenia.

1. **Gromadzenie i analiza danych klientów:**
   o **Strategia:** Użyj narzędzi do analizy danych, aby zebrać informacje o preferencjach klientów, zachowaniach zakupowych i przeszłych interakcjach. Analizuj te dane, aby zrozumieć specyficzne potrzeby i zainteresowania swoich klientów.
2. **Segmentacja odbiorców:**
   o **Strategia:** Podziel bazę klientów na segmenty w oparciu o kryteria takie jak wiek, płeć, lokalizacja geograficzna, zachowania zakupowe i zainteresowania. Dzięki temu możesz tworzyć bardziej ukierunkowane i trafne komunikaty marketingowe.
3. **Personalizacja treści:**

o   **Strategia:** Twórz spersonalizowane treści, które odpowiadają różnym segmentom klientów. Może to obejmować spersonalizowane wiadomości e-mail, rekomendacje produktów w Twojej witrynie i posty w mediach społecznościowych dostosowane do zainteresowań użytkowników.

4. **Spersonalizowane doświadczenie użytkownika w witrynie:**

o   **Strategia:** Wykorzystaj technologię, aby dostosować korzystanie z witryny w oparciu o preferencje i zachowania odwiedzających. Może to obejmować wyświetlanie określonych produktów lub ofert oraz personalizację nawigacji w witrynie.

5. **Ukierunkowany marketing e-mailowy:**

o   **Strategia:** Wysyłaj spersonalizowane e-maile na podstawie działań i preferencji klientów. Użyj narzędzi do automatyzacji marketingu, aby wysyłać odpowiednie wiadomości we właściwym czasie, takie jak e-maile o porzuconych koszykach lub oferty urodzinowe.

6. **Spersonalizowane oferty i promocje:**

o   **Strategia:** Twórz oferty i promocje spersonalizowane dla określonych segmentów klientów. Może to obejmować zniżki na produkty, które oglądali, lub oferty oparte na ich poprzednich zakupach.

7. **Chatboty i spersonalizowana pomoc:**

o   **Strategia:** Korzystaj z chatbotów i wirtualnych asystentów, aby oferować spersonalizowaną pomoc. Chatboty mogą odpowiadać na pytania klientów, polecać produkty i zapewniać dostosowane do ich potrzeb wsparcie.

8. **Informacje zwrotne i słuchanie klientów:**

o   **Strategia:** Zbieraj regularne opinie od swoich klientów i wykorzystuj te informacje do poprawy personalizacji. Ankiety, komentarze w mediach społecznościowych i recenzje klientów są cennym źródłem informacji.

9. **Wykorzystanie sztucznej inteligencji:**

o   **Strategia:** Wdrażaj rozwiązania AI, aby analizować dane klientów na dużą skalę i generować spostrzeżenia na potrzeby personalizacji. Sztuczna inteligencja może pomóc zidentyfikować trendy i wzorce w zachowaniach klientów.

10. **Spójne doświadczenia wielokanałowe:**

o   **Strategia:** Zapewnij spójne doświadczenie we wszystkich kanałach – online i offline. Personalizacja powinna być zintegrowana ze stroną internetową, aplikacjami mobilnymi, interakcjami w sklepie i kampaniami marketingowymi. Przyjmując te strategie personalizacji klientów, firmy mogą zapewnić swoim klientom bardziej wciągające i odpowiednie doświadczenia, co może prowadzić do zwiększenia ich zadowolenia, lojalności i sprzedaży.

Programowe strategie reklamowe

Reklama programmatyczna wykorzystuje zautomatyzowane platformy do kupowania i sprzedawania przestrzeni reklamowej w Internecie, umożliwiając reklamodawcom bardziej precyzyjne i skuteczne docieranie do odbiorców. Oto kluczowe strategie optymalizacji programmatycznych kampanii reklamowych.

1. **Zrozumienie** **platform** **programistycznych:**
   - o **Strategia:** Zapoznaj się z różnymi platformami programistycznymi, w tym DSP (platformami po stronie popytu), SSP (platformami po stronie podaży) i giełdami reklam. Zrozumienie, jak działają te platformy, jest niezbędne do optymalizacji kampanii.

2. **Precyzyjne targetowanie odbiorców:**
   - o **Strategia:** Wykorzystaj dane demograficzne, behawioralne i kontekstowe, aby precyzyjnie dotrzeć do odbiorców. Targetowanie może obejmować wiek, płeć, zainteresowania,

zachowanie podczas przeglądania i lokalizację geograficzną.

3. **Optymalizacja w czasie rzeczywistym:**

o **Strategia:** Skorzystaj z możliwości reklamy programmatic, aby optymalizować kampanie w czasie rzeczywistym. Skorzystaj z analizy danych, aby dostosować stawki, kierowanie i kreacje reklamowe na podstawie skuteczności.

4. **Korzystanie z Platformy Zarządzania Danymi (DMP):**

o **Strategia:** Zintegruj DMP, aby scentralizować dane dotyczące odbiorców i zarządzać nimi. Umożliwi to utworzenie bardziej precyzyjnych segmentów odbiorców i lepsze targetowanie kampanii.

5. **Dynamiczna kreatywność:**

o **Strategia:** Użyj reklam dynamicznych, aby personalizować treść reklam w oparciu o użytkownika. Może to obejmować modyfikowanie obrazów, wiadomości i wezwań do działania na podstawie danych użytkownika.

6. **Integracja wieloplatformowa:**

o **Strategia:** upewnij się, że Twoje kampanie programmatic są zintegrowane na wielu platformach i urządzeniach. Dotyczy to platform stacjonarnych, mobilnych, tabletów, a nawet platform telewizorów z dostępem do Internetu.

7. **Poszanowanie poufności i zgodności:**

○ **Strategia:** Należy pamiętać o przepisach i regulacjach dotyczących ochrony danych, takich jak RODO. Upewnij się, że Twoje praktyki gromadzenia i wykorzystywania danych są zgodne.

8. **Analiza i raportowanie:**

○ **Strategia:** użyj narzędzi analitycznych, aby śledzić skuteczność kampanii. Analizuj wskaźniki, takie jak CTR (współczynnik klikalności), współczynnik konwersji i ROI, aby ocenić skuteczność swoich kampanii.

9. **Testy i eksperymenty A/B:**

○ **Strategia:** Przeprowadź testy A/B różnych elementów kampanii, takich jak elementy wizualne, tekst reklamy i wezwania do działania, aby określić, co najlepiej przemawia do odbiorców.

10. **Partnerstwa strategiczne:**

○ **Strategia:** nawiąż strategiczne partnerstwo z wydawcami lub sieciami reklamowymi, aby uzyskać dostęp do wysokiej jakości zasobów reklamowych i określonych odbiorców.

Wdrażając te strategie, reklamodawcy mogą zmaksymalizować skuteczność swoich programmatic kampanii reklamowych, precyzyjniej dotrzeć do docelowych odbiorców i poprawić ROI swoich działań reklamowych.

Przykłady strategii i zastosowań marketingu mobilnego

Marketing mobilny i aplikacje to potężne narzędzia umożliwiające docieranie do klientów i angażowanie ich w coraz bardziej połączonym świecie. Oto rzeczywiste przykłady strategii marketingowych na urządzenia mobilne i aplikacje, które firmy mogą wykorzystać, aby zwiększyć zaangażowanie i zwiększyć sprzedaż.

1. **Optymalizacja dla urządzeń mobilnych:**
   o **Przykład:** Internetowy sklep odzieżowy optymalizuje swoją witrynę internetową pod kątem urządzeń mobilnych, zapewniając płynną nawigację, szybki czas ładowania i łatwe zakupy na smartfonach i tabletach.

2. **Dedykowana aplikacja mobilna:**
   o **Przykład:** supermarket opracowuje aplikację mobilną, która umożliwia klientom robienie zakupów online, otrzymywanie powiadomień o ofertach specjalnych i skanowanie produktów w sklepie w celu uzyskania dodatkowych informacji.

3. **Marketing poprzez SMS i MMS:**
   o **Przykład:** salon fryzjerski

wysyła swoim klientom przypomnienia o spotkaniach za pośrednictwem wiadomości SMS i ofert promocyjnych za pośrednictwem wiadomości MMS, zwiększając tym samym współczynnik retencji i odpowiedzi.

4. **Ukierunkowana reklama mobilna:**

o   **Przykład:** restauracja korzysta z ukierunkowanych reklam mobilnych na platformach takich jak Google i Facebook, aby docierać do lokalnych klientów z ofertami specjalnymi i codziennym menu.

5. **Kampanie w rzeczywistości rozszerzonej (AR):**

o   **Przykład:** marka kosmetyków tworzy w swojej aplikacji kampanię AR, dzięki której użytkownicy mogą wirtualnie przymierzyć różne produkty do makijażu przed zakupem.

6. **Programy lojalnościowe w aplikacji:**

o   **Przykład:** Sieć kawiarni oferuje w swojej aplikacji program lojalnościowy, w ramach którego klienci mogą zdobywać punkty i nagrody za każdy zakup dokonany za pośrednictwem aplikacji.

7. **Spersonalizowane powiadomienia push:**

o   **Przykład:** aplikacja fitness wysyła spersonalizowane powiadomienia push, aby zachęcić użytkowników do osiągania codziennych celów związanych ze zdrowiem i kondycją.

8. **Integracja z mediami społecznościowymi:**

o   **Przykład:** aplikacja turystyczna zawiera funkcje udostępniania w mediach społecznościowych, dzięki czemu użytkownicy mogą łatwo dzielić się swoimi doświadczeniami i planami podróży ze znajomymi.

9. **Wykorzystanie sztucznej inteligencji (AI):**

o   **Przykład:** Aplikacja obsługi klienta wykorzystuje sztuczną inteligencję do oferowania interaktywnego chatbota, który odpowiada na pytania klientów i zapewnia pomoc w czasie rzeczywistym.

10. **Strategie marketingu mobilnego z wpływami:**

o   **Przykład:** marka modowa współpracuje z wpływowymi osobami na Instagramie, aby promować swoją aplikację mobilną, korzystając ze sponsorowanych postów i historii, aby przyciągnąć użytkowników do aplikacji.

Wdrażając te strategie, firmy mogą w pełni wykorzystać możliwości oferowane przez marketing mobilny i aplikacje, aby dotrzeć do docelowych odbiorców, poprawić zaangażowanie klientów i zwiększyć sprzedaż.

Strategie zarządzania relacjami z klientami (CRM).

Zarządzanie relacjami z klientami (CRM) jest niezbędne do rozwijania i utrzymywania silnych relacji z klientami. Oto skuteczne strategie CRM, które firmy mogą zastosować, aby poprawić zaangażowanie klientów, utrzymanie ich i wzrost sprzedaży.

1. **Centralizacja danych klientów:**
   - **Strategia:** Użyj systemu CRM, aby scentralizować wszystkie informacje o klientach, w tym przeszłe interakcje, preferencje, dane dotyczące zakupów i opinie. Pozwala to na pełny obraz klienta i spersonalizowaną obsługę.

2. **Segmentacja klientów:**
   - **Strategia:** Segmentuj bazę klientów w CRM na podstawie różnych kryteriów, takich jak zachowania zakupowe, preferencje, lokalizacja i poziom dochodów. Segmentacja pomaga lepiej ukierunkować komunikację i skuteczniej oferować.

3. **Automatyzacja procesów sprzedażowych i marketingowych:**
   - **Strategia:** Automatyzuj powtarzalne procesy, takie jak kolejne wiadomości e-mail, powiadomienia o odnowieniu i

kampanie marketingowe. Automatyzacja oszczędza czas i zapewnia spójną komunikację.

4. **Personalizacja komunikacji:**

o **Strategia:** Wykorzystaj dane CRM do personalizacji interakcji z klientami. Spersonalizowane e-maile, rekomendacje produktów i oferty specjalne mogą zwiększyć zaangażowanie i satysfakcję klientów.

5. **Monitorowanie i analiza interakcji z klientami:**

o **Strategia:** Śledź i analizuj wszystkie interakcje klientów za pośrednictwem CRM, aby zrozumieć ich potrzeby i zachowania. Skorzystaj z tych spostrzeżeń, aby ulepszyć produkty, usługi i doświadczenia klientów.

6. **Zarządzanie opiniami klientów:**

o **Strategia:** Wykorzystaj CRM do zbierania opinii klientów i zarządzania nimi. Aktywnie odpowiadaj na komentarze i wykorzystuj opinie do ulepszania produktów i usług.

7. **Integracja kanałów komunikacji:**

o **Strategia:** Zintegruj różne kanały komunikacji, takie jak e-mail, media społecznościowe, rozmowy telefoniczne i czat na żywo, ze swoim CRM. Zapewnia to spójne i zintegrowane doświadczenie klienta.

8. **Szkolenie i świadomość pracowników:**

o **Strategia:** Przeszkol swoich pracowników w zakresie efektywnego korzystania z CRM. Upewnij się, że rozumieją znaczenie dokładnego gromadzenia danych i wykorzystywania spostrzeżeń w celu poprawy interakcji z klientem.

9. **Rozwój programów lojalnościowych:**

o **Strategia:** Wykorzystaj CRM do tworzenia programów lojalnościowych i zarządzania nimi. Oferuj nagrody i korzyści w oparciu o historię zakupów i zaangażowanie klientów, aby zachęcić ich do lojalności.

10. **Prognozowanie i analiza sprzedaży:**

o **Strategia:** Wykorzystaj dane CRM i narzędzia analityczne, aby przewidzieć trendy sprzedaży i odpowiednio dostosować strategie. Może to pomóc w identyfikacji możliwości sprzedaży i optymalizacji działań marketingowych.

Przyjmując te strategie CRM, firmy mogą nie tylko poprawić swoje relacje z klientami, ale także zwiększyć efektywność swoich zespołów sprzedażowych i marketingowych, co prowadzi do trwałego wzrostu firmy.

Przykłady strategii treści

Skuteczna strategia dotycząca treści jest niezbędna do angażowania odbiorców, budowania świadomości marki i poprawy SEO. Oto rzeczywiste przykłady strategii dotyczących treści, które firmy mogą wykorzystać, aby osiągnąć swoje cele marketingowe.

1. **Blogi i artykuły tematyczne:**

   o **Przykład:** Firma technologiczna tworzy regularnie aktualizowany blog zawierający szczegółowe artykuły na temat najnowszych trendów technologicznych, tutoriale i studia przypadków. Ugruntowuje to markę jako autorytet w swojej dziedzinie i poprawia jej SEO.

2. **Filmy edukacyjne i demonstracyjne:**

   o **Przykład:** marka kulinarna tworzy filmy z przepisami i demonstracje produktów, udostępniane w YouTube i osadzone na swojej stronie internetowej. Te filmy pomagają wizualnie zaangażować odbiorców i pokazać produkty w działaniu.

3. **Infografiki i treści wizualne:**

   o **Przykład:** Biuro podróży tworzy atrakcyjne infografiki na temat popularnych miejsc docelowych, oferując wskazówki dotyczące podróży i ciekawe fakty. Te infografiki są udostępniane w mediach społecznościowych, aby zwiększyć zaangażowanie i zasięg.

4. **Podcasty i wywiady:**

o **Przykład:** firma konsultingowa uruchamia podcast, w którym przeprowadza wywiady z liderami myśli i ekspertami branżowymi. Dzięki temu możesz dzielić się cennymi spostrzeżeniami, jednocześnie zwiększając widoczność marki.

5. **Studia przypadków i referencje klientów:**

o **Przykład:** Firma produkująca oprogramowanie publikuje na swojej stronie internetowej szczegółowe studia przypadków i referencje zadowolonych klientów, wykazując skuteczność swoich produktów i budując zaufanie potencjalnych klientów.

6. **E-booki i poradniki:**

o **Przykład:** firma zajmująca się fitnessem oferuje bezpłatne e-booki dotyczące odżywiania i ćwiczeń w zamian za adresy e-mail odwiedzających, co wspiera jej strategię marketingu e-mailowego.

7. **Treść interaktywna:**

o **Przykład:** witryna poświęcona finansom osobistym tworzy interaktywne kalkulatory i quizy, które pomagają użytkownikom zarządzać budżetem i inwestycjami, zwiększając zaangażowanie i czas spędzony w witrynie.

8. **Artykuły na blogach gościnnych:**

o **Przykład:** Konsultant ds. marketingu pisze posty gościnne na popularnych blogach branżowych, dzieląc się swoją wiedzą i generując ruch na swojej osobistej stronie internetowej.

9. **Spersonalizowane biuletyny:**

o **Przykład:** Sklep internetowy wysyła spersonalizowane newslettery z rekomendacjami produktów na podstawie preferencji Klienta i historii zakupów.

10. **Treści sezonowe i tematyczne:**

o **Przykład:** marka odzieżowa tworzy i udostępnia treści związane ze świętami i porami roku, takie jak przewodniki po letnim stylu lub pomysły na prezenty świąteczne.

Wdrażając te strategie dotyczące treści, firmy mogą nie tylko przyciągnąć i utrzymać uwagę docelowych odbiorców, ale także wzmocnić swoją pozycję rynkową i poprawić swoje wyniki w Internecie.

Przyszłe trendy i prognozy

Ewolucja marketingu cyfrowego

1. **Wstęp :**

o Marketing cyfrowy w ciągu ostatnich kilkudziesięciu lat

przeszedł szybką ewolucję pod wpływem postępu technologicznego, zmian w zachowaniach konsumentów i pojawienia się nowych kanałów komunikacji. W tej części omówiono aktualne trendy i prognozowano przyszłość marketingu cyfrowego.

2. **Integracja sztucznej inteligencji:**

o   Sztuczna inteligencja zmienia marketing cyfrowy, umożliwiając głębszą personalizację, analizę predykcyjną trendów konsumenckich i automatyzację zadań marketingowych. Chatboty, spersonalizowane rekomendacje i optymalizacja kampanii w czasie rzeczywistym to przykłady zastosowania AI.

3. **Zwiększone wykorzystanie danych:**

o   Dane odgrywają kluczową rolę we współczesnym marketingu cyfrowym. Analityka Big Data pozwala firmom lepiej zrozumieć swoich klientów i zoptymalizować strategie marketingowe w celu uzyskania bardziej efektywnych wyników.

4. **Marketing wielokanałowy:**

o   Podejście omnichannel, które zapewnia spójne doświadczenie klienta na wielu platformach i punktach styku, staje się normą. Strategia ta umożliwia bezproblemową interakcję z klientami, zarówno online, na urządzeniach mobilnych, jak i w sklepie.

5. **Rzeczywistość rozszerzona i rzeczywistość wirtualna:**

o AR i VR oferują wciągające i interaktywne doświadczenia, otwierając nowe możliwości marketingu cyfrowego. Marki mogą wykorzystywać te technologie do wirtualnych testów produktów, wciągających doświadczeń z marką i interaktywnych reklam.

6. **Marketing wideo i transmisja na żywo:**

o Treści wideo nadal dominują, a popularność transmisji strumieniowych na żywo rośnie. Filmy oferują wciągający sposób opowiadania historii marki i nawiązywania bardziej osobistego kontaktu z odbiorcami.

7. **Rosnące znaczenie SEO głosowego:**

o Wraz z rosnącą popularnością asystentów głosowych, SEO głosowe staje się kluczowe. Optymalizacja treści pod wyszukiwanie głosowe wymaga innego podejścia, skupiającego się na bardziej konwersacyjnych frazach i bezpośrednich pytaniach.

8. **Poufność danych i regulacje:**

o Rosnące obawy dotyczące prywatności danych i przepisów, takich jak

RODO, wpływają na marketing cyfrowy. Firmy muszą zachować przejrzystość w gromadzeniu i wykorzystywaniu danych, jednocześnie szanując prywatność użytkowników.

9. **Ewolucja sieci społecznościowych:**

o   Platformy mediów społecznościowych stale się rozwijają, wprowadzając nowe funkcje i algorytmy. Marki muszą szybko dostosować się do tych zmian, aby utrzymać zaangażowanie i zasięg.

10. **Wniosek:**

o   Przyszłość marketingu cyfrowego będzie charakteryzowała się dalszą integracją zaawansowanych technologii, skupieniem się na spersonalizowanym doświadczeniu użytkownika i ciągłą adaptacją do szybkich zmian w krajobrazie cyfrowym. Firmy, które przyjmą te zmiany, będą miały lepszą pozycję do odniesienia sukcesu w coraz bardziej cyfrowym środowisku.

Przyszłość handlu elektronicznego

1. **Wstęp:**

o   Handel elektroniczny stale się rozwija, napędzany innowacjami technologicznymi, zmianami nawyków konsumenckich i rosnącymi oczekiwaniami klientów. W tej części omówiono pojawiające się trendy i prognozy dotyczące przyszłości handlu elektronicznego.

2. **Zaawansowane dostosowywanie:**

o   Personalizacja stanie się jeszcze bardziej wyrafinowana dzięki wykorzystaniu sztucznej inteligencji i uczenia maszynowego. Witryny e-commerce będą mogły oferować dostosowane do indywidualnych potrzeb doświadczenia zakupowe, rekomendując produkty na podstawie indywidualnych preferencji, historii zakupów i zachowań przeglądania.

3. **Integracja rozszerzonej rzeczywistości:**

o   Rzeczywistość rozszerzona (AR) odmieni doświadczenia związane z zakupami online, umożliwiając klientom oglądanie produktów we własnym środowisku przed dokonaniem zakupu. Pomoże to zmniejszyć niepewność i zwiększyć satysfakcję klientów.

4. **Handel głosowy i inteligentni asystenci:**

o   Wraz z rosnącą popularnością asystentów głosowych handel głosowy stanie się ważnym kanałem zakupów online. Konsumenci będą mogli dokonywać zakupów po prostu za pomocą głosu, dzięki czemu zakupy będą wygodniejsze i bardziej dostępne.

5. Uproszczone i bezpieczne płatności:

o   Technologie płatności będą ewoluować, aby zapewnić szybsze, bezpieczniejsze i wygodniejsze transakcje. Popularność płatności zbliżeniowych, portfeli cyfrowych i kryptowalut będzie rosła, zapewniając konsumentom więcej opcji i większe bezpieczeństwo.

6. Innowacyjna logistyka i dostawa:

o   Postępy w logistyce i dostawach, takie jak drony i pojazdy autonomiczne, zrewolucjonizują sposób dostarczania produktów. Dostawa tego samego dnia lub nawet w ciągu godziny może stać się normą dla wielu sprzedawców internetowych.

7. Zrównoważony rozwój i etyczny handel:

o   Zrównoważony rozwój stanie się kluczowym aspektem handlu elektronicznego. Konsumenci oczekują etycznych i przyjaznych środowisku praktyk biznesowych, które będą skłaniać firmy do stosowania zrównoważonych opakowań, przejrzystych łańcuchów dostaw i produktów przyjaznych środowisku.

8. Doświadczenie wielokanałowe:

o   Niezbędne stanie się wielokanałowe doświadczenie zakupowe, zapewniające spójną obsługę klienta w wielu kanałach (online, mobilnie, w sklepie). Technologie takie jak beacony i interaktywne wyświetlacze w sklepach jeszcze bardziej integrują doświadczenia online

o   i offline.

9. **Analiza danych i podejmowanie decyzji:**

o   Analityka danych będzie odgrywać jeszcze większą rolę w e-commerce. Wnioski z danych pomogą firmom podejmować świadome decyzje, optymalizować operacje i poprawiać doświadczenia klientów.

10. **Wniosek :**

o   Przyszłość handlu elektronicznego będzie naznaczona ciągłymi innowacjami, zwiększoną personalizacją, integracją zaawansowanych technologii i rosnącym zaangażowaniem w zrównoważony rozwój. Firmy, które szybko dostosują się do tych zmian, będą miały lepszą pozycję do odniesienia sukcesu na szybko zmieniającym się rynku.

Rozwój sztucznej inteligencji

1. **Wstęp :**

o   Sztuczna inteligencja (AI) na nowo definiuje wiele branż, w tym marketing, handel elektroniczny, produkcję i usługi. W tej sekcji omówiono najnowsze osiągnięcia w dziedzinie sztucznej inteligencji i ich potencjalny wpływ na różne branże.

2. **Automatyzacja i optymalizacja procesów:**

o AI umożliwia automatyzację powtarzalnych zadań i optymalizację procesów biznesowych. W przyszłości możemy spodziewać się systemów AI obsługujących złożone funkcje, poprawiających wydajność i obniżających koszty operacyjne.

3. **Personalizacja marketingu i reklamy:**

o Technologie sztucznej inteligencji są coraz częściej wykorzystywane do personalizacji doświadczeń marketingowych i reklamowych. Pomagają analizować dane konsumentów w czasie rzeczywistym i dostosowywać przekazy reklamowe do indywidualnych preferencji, zwiększając zaangażowanie i skuteczność kampanii.

4. **Prognozy i analiza predykcyjna:**

o Sztuczna inteligencja odgrywa kluczową rolę w analityce predykcyjnej, pomagając firmom przewidywać trendy rynkowe, zachowania konsumentów i potencjalne ryzyko. Ta umiejętność przewidywania pomaga firmom podejmować proaktywne i strategiczne decyzje.

5. **Lepsze doświadczenie klienta:**

o   Sztuczna inteligencja służy do poprawy jakości obsługi klienta poprzez inteligentne chatboty, wirtualnych asystentów i spersonalizowane rekomendacje. Technologie te zapewniają szybką i spersonalizowaną obsługę klienta, zwiększając satysfakcję i lojalność klientów.

6. **Rozwój uczenia maszynowego:**

o   Uczenie maszynowe, gałąź sztucznej inteligencji, stale ewoluuje, umożliwiając maszynom uczenie się i dostosowywanie bez konieczności bezpośredniego programowania. Otwiera to możliwości dla bardziej intuicyjnych i inteligentnych aplikacji w różnych dziedzinach.

7. **Wpływ na podejmowanie decyzji:**

o   Sztuczna inteligencja zapewnia głęboki wgląd i analizę danych, które pomagają liderom podejmować bardziej świadome decyzje. W przyszłości sztuczna inteligencja może odgrywać większą rolę w podejmowaniu strategicznych decyzji w organizacjach.

8. **Bezpieczeństwo i poufność:**

o   Wraz ze wzrostem wykorzystania sztucznej inteligencji kwestie bezpieczeństwa danych i prywatności stają się najważniejsze.

Przyszły rozwój sztucznej inteligencji będzie musiał rozwiązać te problemy, zapewniając ochronę danych i zgodność z przepisami.

9. **Integracja międzysektorowa:**

o   Sztuczna inteligencja znajduje zastosowanie w coraz większej liczbie sektorów, od opieki zdrowotnej po finanse, edukację i transport. Ta międzysektorowa integracja sztucznej inteligencji będzie napędzać innowacje i tworzenie nowych możliwości biznesowych.

10. **Wniosek :**

o   Rozwój sztucznej inteligencji może radykalnie zmienić krajobraz biznesu i społeczeństwa. Firmy, które wdrożą i integrują te technologie, będą lepiej przygotowane, aby stawić czoła przyszłym wyzwaniom i wykorzystać nowe możliwości w świecie w coraz większym stopniu napędzanym danymi i sztuczną inteligencją.

Trendy w mediach społecznościowych

1. **Wstęp :**

o   Media społecznościowe ewoluują w szybkim tempie, znacząco wpływając na sposób, w jaki marki wchodzą w interakcję ze swoimi odbiorcami. W tej części omówiono obecne i przyszłe trendy w mediach społecznościowych oraz ich wpływ na marketing i komunikację.

2. **Zwiększone zaangażowanie wideo:**

o   Filmy, zwłaszcza krótkie formaty i historie, zyskują na popularności na platformach społecznościowych. Marki coraz częściej wykorzystują treści wideo, aby angażować odbiorców w kreatywny i dynamiczny sposób.

3. **Narodziny mikroinfluencerów:**

o   Mikroinfluencerzy, posiadający mniejszą, ale bardzo zaangażowaną publiczność, stają się preferowanym wyborem dla marek. Oferują wyższą autentyczność i poziom zaufania w porównaniu do influencerów z dużą publicznością.

4. **Handel społecznościowy i zintegrowane zakupy:**

o   Platformy mediów społecznościowych w coraz większym stopniu integrują funkcje handlu elektronicznego, umożliwiając użytkownikom kupowanie produktów bezpośrednio za pośrednictwem postów i historii. Trend ten zmienia sposób, w jaki konsumenci odkrywają i kupują produkty.

5. **Wykorzystanie rozszerzonej rzeczywistości:**

o   Rzeczywistość rozszerzona (AR) w mediach społecznościowych, szczególnie poprzez filtry i interaktywne doświadczenia, oferuje markom nowe możliwości tworzenia wciągających i zapadających w pamięć doświadczeń dla użytkowników.

6. **Zwiększone znaczenie autentyczności:**

o   Konsumenci szukają autentyczności w markach, które śledzą w mediach społecznościowych. Treści odzwierciedlające prawdziwe historie, wartości marki i zwiększoną przejrzystość zyskują na popularności.

7. **Zaangażowanie poprzez treści generowane przez użytkowników:**

o   Treści generowane przez użytkowników (UGC) nadal są potężnym narzędziem dla marek w mediach społecznościowych. Zachęcanie klientów do dzielenia się własnymi treściami buduje zaangażowanie i zaufanie.

8. **Skoncentruj się na odpowiedzialności społecznej:**

o   Marki korzystają z mediów społecznościowych, aby podkreślić swoje zaangażowanie w sprawy społeczne i środowiskowe. Tendencja ta odzwierciedla rosnącą świadomość społecznej odpowiedzialności biznesu.

9. **Ewolucja algorytmów:**

o   Ciągłe zmiany w algorytmach platform społecznościowych wymagają od marek szybkiego dostosowywania się, aby zachować widoczność i zaangażowanie. Zrozumienie i dostosowanie się do tych algorytmów ma kluczowe znaczenie dla sukcesu.

10. Integracja Chatbotów i AI:

o   Integracja chatbotów i sztucznej inteligencji w celu obsługi klienta i spersonalizowanego zaangażowania staje się coraz bardziej powszechna. Technologie te umożliwiają szybką i spersonalizowaną interakcję na dużą skalę.

11. Wniosek :

o   Obecne trendy w mediach społecznościowych wskazują na zwrot w stronę większej interaktywności, autentyczności i integracji technologicznej. Marki, które dostosują się do tych trendów i włączą je do swoich strategii w mediach społecznościowych, będą lepiej przygotowane do angażowania odbiorców i budowania swojej obecności w Internecie.

Przyszłość reklamy programatycznej

1. Wstęp :

o   Reklama programowa, która wykorzystuje algorytmy i

zautomatyzowane technologie do kupowania i sprzedawania powierzchni reklamowej, zmienia krajobraz reklamy cyfrowej. W tej części omówiono przyszłe trendy i oczekiwany rozwój sytuacji w tej dziedzinie.

2. Większa integracja sztucznej inteligencji i uczenia maszynowego:

o   Sztuczna inteligencja (AI) i uczenie maszynowe będą odgrywać coraz większą rolę w reklamie programmatycznej. Technologie te pozwolą na bardziej precyzyjną optymalizację kampanii, lepsze targetowanie odbiorców i analizę skuteczności reklam w czasie rzeczywistym.

3. Reklama wielokanałowa:

o   Reklama programowa będzie wykraczać poza tradycyjne platformy cyfrowe i obejmować telewizję połączoną, cyfrowe billboardy i inne kanały. To wielokanałowe podejście zapewni reklamodawcom większy zasięg i większą spójność kampanii reklamowych.

4. Przejrzystość i poufność danych:

o   W obliczu rosnących obaw o prywatność danych przejrzystość stanie się kluczowym aspektem reklamy programmatycznej. Reklamodawcy i platformy będą musieli zapewnić ochronę danych użytkowników, zachowując jednocześnie przejrzystość procesów targetowania i pomiarów.

5. **Większa automatyzacja i wydajność:**

o Poprawi się automatyzacja reklamy programmatic, umożliwiając reklamodawcom skuteczniejsze uruchamianie kampanii i zarządzanie nimi. Obejmuje to automatyzację tworzenia treści, kupowanie przestrzeni reklamowej i optymalizację kampanii.

6. **Personalizacja na dużą skalę:**

o Wzmocniona zostanie możliwość personalizacji przekazów reklamowych na szeroką skalę. Reklamodawcy będą mogli tworzyć wysoce spersonalizowane reklamy, które odpowiadają określonym segmentom odbiorców, zwiększając zaangażowanie i trafność.

7. **Wpływ 5G i nowych technologii:**

o Pojawienie się 5G i innych zaawansowanych technologii otworzy nowe możliwości dla reklamy programmatycznej, szczególnie pod względem szybkości ładowania reklam, jakości formatu reklam i interaktywnych doświadczeń.

8. **Ewolucja formatów reklamowych:**

o Formaty reklam będą nadal ewoluować wraz ze wzrostem liczby reklam immersyjnych i interaktywnych, takich jak rzeczywistość rozszerzona i rzeczywistość wirtualna, zapewniających użytkownikom bardziej angażujące doświadczenia.

9. **Wyzwania i możliwości regulacyjne:**

o   Zmiany w przepisach, takich jak przepisy dotyczące prywatności danych, stworzą zarówno wyzwania, jak i możliwości dla reklamy programmatycznej. Uczestnicy rynku będą musieli dostosować się do tych zmian, wykorzystując jednocześnie nowe możliwości wprowadzania innowacji.

10. **Wniosek:**

o   Przyszłość reklamy programmatic rysuje się w jasnych barwach, a postęp technologiczny będzie nadal zmieniać sposób, w jaki reklamy są kierowane, dostarczane i mierzone. Firmy, które przyjmą te zmiany i szybko się dostosują, będą lepiej przygotowane do wykorzystania możliwości, jakie stwarza szybka ewolucja rynku reklamowego.

Innowacje w projektowaniu UX/UI

1. **Wstęp:**

o   Projektowanie UX/UI to dziedzina stale rozwijająca się, kształtowana pod wpływem postępu technologicznego i zmian w zachowaniach użytkowników. W tej sekcji omówiono obecne i przyszłe innowacje w projektowaniu UX/UI oraz ich wpływ na tworzenie produktów cyfrowych.

2. **Projekt zorientowany na użytkownika:**

o   Podejście skoncentrowane na użytkowniku pozostanie sercem projektowania UX/UI. Projektanci będą nadal tworzyć intuicyjne interfejsy i doświadczenia użytkownika w oparciu o głębokie zrozumienie potrzeb, pragnień i zachowań użytkowników.

3. **Integracja sztucznej inteligencji i uczenia maszynowego:**

o   Sztuczna inteligencja i uczenie maszynowe zmienią projektowanie UX/UI, umożliwiając tworzenie bardziej inteligentnych i adaptacyjnych interfejsów. Technologie te umożliwią tworzenie spersonalizowanych doświadczeń w czasie rzeczywistym, w oparciu o interakcje i preferencje użytkowników.

4. **Projekt dla składanych i elastycznych ekranów:**

o   Wraz z pojawieniem się składanych i elastycznych ekranów projektanci UX/UI będą musieli wprowadzić innowacje, aby zapewnić płynne i spójne doświadczenia w tych nowych formatach. Obejmuje to projektowanie interfejsów, które dynamicznie dostosowują się do różnych konfiguracji ekranu.

5. **Rzeczywistość rozszerzona i rzeczywistość wirtualna:**

o AR i VR zapewnią nowe możliwości projektowania UX/UI. Projektanci będą badać sposoby tworzenia wciągających i interaktywnych doświadczeń, integrując elementy świata rzeczywistego ze wzbogaconymi informacjami cyfrowymi.

6. **Projektowanie głosu i interfejsy konwersacyjne:**

o Wzrośnie znaczenie projektowania interfejsów głosowych i konwersacyjnych. Projektanci UX/UI będą pracować nad doświadczeniami użytkowników, w których głos i naturalny dialog odgrywają kluczową rolę, szczególnie w aplikacjach dla asystentów głosowych i chatbotów.

7. **Dostępność i inkluzywność:**

o Dostępność i inkluzywność pozostaną istotnymi aspektami projektowania UX/ UI. Projektanci będą dążyć do tworzenia produktów cyfrowych dostępnych dla każdego, biorąc pod uwagę różnorodne możliwości i potrzeby użytkowników.

8. **Mikrointerakcje i animacje:**

o Mikrointerakcje i wyrafinowane animacje będą w dalszym ciągu wzbogacać doświadczenie użytkownika. Te subtelne, ale potężne elementy zwiększają zaangażowanie i pomagają prowadzić użytkowników przez interfejsy w intuicyjny sposób.

9. **Etyczny i odpowiedzialny projekt:**
○ Etyczne i odpowiedzialne projektowanie będzie tematem coraz ważniejszym. Projektanci UX/UI wezmą pod uwagę wpływ społeczny i środowiskowy swoich kreacji, dbając o to, aby promowali odpowiedzialne i zrównoważone praktyki.

10. **Wniosek :**
○ Innowacje w projektowaniu UX/UI odegrają kluczową rolę w definiowaniu przyszłości produktów cyfrowych. Pozostając w czołówce trendów technologicznych i koncentrując się na potrzebach użytkowników, projektanci UX/UI będą nadal tworzyć niezapomniane i znaczące doświadczenia, które kształtują naszą codzienną interakcję z technologią.

Zrównoważony rozwój i odpowiedzialność biznesu

1. **Wstęp :**
○ Zrównoważony rozwój i odpowiedzialność biznesu stały się istotnymi elementami nowoczesnej

strategii biznesowej. W tej części omówiono, w jaki sposób firmy włączają zrównoważone praktyki do swojej działalności oraz jaki jest ich wpływ na społeczeństwo i środowisko.

2. **Integracja zrównoważonego rozwoju z działalnością komercyjną:**

o   Firmy przyjmują w swojej działalności zrównoważone praktyki, takie jak wykorzystywanie zasobów odnawialnych, ograniczanie ilości odpadów i poprawa efektywności energetycznej. Praktyki te są nie tylko korzystne dla środowiska, ale mogą również prowadzić do długoterminowych oszczędności.

3. **Społeczna odpowiedzialność biznesu (CSR):**

o   CSR staje się kluczowym aspektem reputacji firmy. Inicjatywy takie jak wspieranie społeczności lokalnych, programy odnowy biologicznej pracowników i wpłaty na cele społeczne wzmacniają pozycję firmy jako odpowiedzialnego aktora w społeczeństwie.

4. **Raportowanie dotyczące przejrzystości i zrównoważonego rozwoju:**

o   Konsumenci i zainteresowane strony coraz częściej domagają się przejrzystości w praktykach w zakresie zrównoważonego rozwoju. Firmy publikują szczegółowe raporty dotyczące zrównoważonego rozwoju, aby pokazać swoje zaangażowanie w odpowiedzialne praktyki biznesowe.

5. **Gospodarka o obiegu zamkniętym i zrównoważone modele biznesowe:**

o   Coraz większą popularnością cieszy się gospodarka o obiegu zamkniętym, której celem jest minimalizacja odpadów i maksymalizacja wykorzystania zasobów. Firmy przyjmują zrównoważone modele biznesowe, które obejmują ponowne użycie, recykling i regenerację produktów i materiałów.

6. **Zrównoważona innowacja:**

o   Innowacje w zakresie zrównoważonych produktów i usług to rozwijający się obszar. Firmy inwestują w badania i rozwój, aby tworzyć rozwiązania, które odpowiadają na wyzwania środowiskowe, jednocześnie spełniając potrzeby konsumentów.

7. **Zaangażowanie interesariuszy:**

o   Firmy aktywnie angażują interesariuszy, w tym klientów, pracowników, dostawców i społeczności lokalne, w swoje inicjatywy na rzecz zrównoważonego rozwoju. To oparte na współpracy podejście wzmacnia odpowiedzialność i wpływ wysiłków na rzecz zrównoważonego rozwoju.

8. **Wpływ na łańcuch dostaw:**

o   Zrównoważony rozwój w łańcuchu dostaw jest niezbędny. Firmy współpracują ze swoimi dostawcami, aby zapewnić etyczne i zrównoważone praktyki od produkcji po dystrybucję.

9. **Wyzwania i możliwości:**

o   Chociaż włączenie zrównoważonego rozwoju wiąże się z wyzwaniami, takimi jak wyższe koszty początkowe i potrzeba zmiany ustalonych procesów, oferuje również znaczne możliwości w zakresie innowacji, zróżnicowania rynku i zgodności z przepisami.

10. **Wniosek :**

o   Zrównoważony rozwój i odpowiedzialność korporacyjna nadal będą kluczowymi czynnikami sukcesu biznesowego. Przyjmując zrównoważone praktyki, przedsiębiorstwa mogą nie tylko pozytywnie przyczynić się do społeczeństwa i środowiska, ale także wzmocnić swoją pozycję i konkurencyjność na rynku.

Ewolucja influencer marketingu

1. **Wstęp :**

o   Influencer marketing, który

polega na współpracy z wpływowymi osobami w celu promowania produktów lub usług, szybko się rozwinął. W tej sekcji analizujemy przeszłą ewolucję i przyszłe trendy w marketingu influencerskim.

2. **Dywersyfikacja platform:**

o   Podczas gdy platformy takie jak Instagram i YouTube pozostają popularne w marketingu influencerów, znaczenie innych powstających platform, takich jak TikTok i Twitch, rośnie. Marki chcą wykorzystać te nowe kanały, aby dotrzeć do różnorodnych odbiorców.

3. **Wzrost liczby mikroinfluencerów:**

o   Mikroinfluencerzy, posiadający mniejszą, ale bardzo zaangażowaną publiczność, cieszą się coraz większą popularnością wśród marek. Ich autentyczność i bliskość odbiorców często zapewniają większe zaangażowanie i wyższy zwrot z inwestycji.

4. **Pomiar wydajności i ROI:**

o   Koncentrujemy się na dokładnym pomiarze wydajności i zwrotu z inwestycji w influencer marketing. Marki wykorzystują zaawansowane narzędzia i technologie do śledzenia zaangażowania, zasięgu i wpływu kampanii influencerów.

5. **Jakość i autentyczność Treść:**

o   Autentyczność

pozostaje kluczowym elementem sukcesu w influencer marketingu. Konsumenci szukają autentycznych, wysokiej jakości treści, a nie oczywistych przekazów promocyjnych. Dlatego zachęca się influencerów do tworzenia treści, które naprawdę odzwierciedlają ich własny głos i styl.

6. **Długoterminowe relacje:**

o   Marki zmierzają w stronę długoterminowego partnerstwa z influencerami, a nie jednorazowej współpracy. Te trwałe relacje pomagają budować spójność marki i zwiększać lojalność odbiorców.

7. **Integracja rozszerzonej rzeczywistości:**

o   Coraz powszechniejsze jest wykorzystanie rzeczywistości rozszerzonej w marketingu influencerów, zapewniającej wciągające i interaktywne doświadczenia. Influencerzy mogą wykorzystywać AR do prezentowania produktów w bardziej angażujący sposób.

8. **Etyka i przejrzystość:**

o   Kwestie etyki i przejrzystości stają się kluczowe. Od influencerów i marek coraz częściej wymagane jest jasne ujawnianie płatnych partnerstw i przestrzeganie wytycznych reklamowych.

9. **Influencerzy wirtualni i AI:**

o   Pojawienie się wirtualnych influencerów stworzonych przez sztuczną inteligencję stanowi nową granicę w marketingu influencerskim. Te cyfrowe osoby mogą zapewnić wyjątkową kontrolę nad marką i stałą dostępność.

10. **Wniosek :**

o   Przyszłość influencer marketingu będzie charakteryzowała się większą dywersyfikacją platform, naciskiem na autentyczność i jakość treści oraz wykorzystaniem zaawansowanych technologii do pomiaru i zaangażowania. Marki, które dostosują się do tych zmian, będą nadal czerpać korzyści z potężnego wpływu marketingu wpływowego.

Pojawiające się technologie

1. **Wstęp :**

o   Pojawiające się technologie aktywnie kształtują przyszłość różnych sektorów, zapewniając nowe możliwości i wyzwania. W tej części omówiono kluczowe pojawiające się technologie i ich potencjalny wpływ na biznes, społeczeństwo i środowisko.

2. **Sztuczna inteligencja i uczenie maszynowe:**

o   Sztuczna inteligencja i uczenie maszynowe stale się rozwijają, zapewniając możliwości zaawansowanej analizy danych, automatyzacji procesów i personalizacji usług. Technologie te zmieniają branże, takie jak opieka zdrowotna, finanse, marketing i produkcja.

3. **Blockchain i kryptowaluty:**

o Blockchain, poza kryptowalutami, oferuje obiecujące zastosowania pod względem bezpieczeństwa danych, przejrzystości transakcji i decentralizacji. Ma potencjał, aby zrewolucjonizować takie obszary, jak łańcuch dostaw, głosowanie elektroniczne i zarządzanie prawami autorskimi.

4. **Internet rzeczy (IoT):**

o IoT łączy urządzenia codziennego użytku z Internetem, umożliwiając gromadzenie i wymianę danych. Ta zwiększona łączność otwiera możliwości w zakresie inteligentnego zarządzania domami i miastami, rolnictwa precyzyjnego i konserwacji predykcyjnej w przemyśle.

5. **Rzeczywistość rozszerzona i rzeczywistość wirtualna:**

o AR i VR zapewniają wciągające doświadczenia, zmieniając sposób, w jaki konsumenci wchodzą w interakcję z produktami i markami. Znajdują zastosowanie w edukacji, rozrywce, handlu detalicznym i nieruchomościach.

6. **Pojazdy autonomiczne i drony:**

o   Postępy w pojazdach autonomicznych i dronach mogą zmienić transport i logistykę. Technologie te mogą zmniejszyć liczbę wypadków drogowych, zoptymalizować dostawy towarów i zrewolucjonizować transport osobisty.

7. **Druk 3D i produkcja przyrostowa:**

o   Druk 3D stale ewoluuje, umożliwiając szybką, niestandardową produkcję części i produktów. Ma znaczący wpływ na takie obszary jak produkcja, medycyna (protetyka, implanty) i budownictwo.

8. **Energia odnawialna i zielone technologie:**

o   Innowacje w zakresie energii odnawialnej i zielonych technologii są niezbędne, aby sprostać wyzwaniom związanym ze zmianami klimatycznymi. Obejmują one rozwój nowych źródeł energii, zrównoważonych materiałów i ekologicznych praktyk produkcyjnych.

9. **Biotechnologia i Medycyna Personalizowana:**

o   Postępy biotechnologii i medycyny personalizowanej otwierają obiecujące perspektywy w leczeniu złożonych chorób i personalizacji opieki zdrowotnej w oparciu o genetykę indywidualną.

10. Cyberbezpieczeństwo i ochrona danych:

o Wraz ze wzrostem łączności i generowanych danych cyberbezpieczeństwo staje się poważnym problemem. Nowe technologie w tej dziedzinie mają na celu ochronę wrażliwych informacji i zapobieganie cyberatakom.

11. Wniosek:

o Pojawiające się technologie stanowią ogromny potencjał transformacji gałęzi przemysłu i poprawy jakości życia. Jednakże rodzą one również kwestie etyczne, regulacyjne i związane z bezpieczeństwem, którymi należy się zająć. Firmy i korporacje, które dostosowują i integrują te technologie w sposób odpowiedzialny i innowacyjny, będą lepiej przygotowane na przyszłość.

Prognozy zachowań konsumentów

1. Wstęp:

o Zrozumienie i przewidywanie zachowań konsumentów ma kluczowe znaczenie dla firm, które chcą pozostać konkurencyjnymi. W tej części omówiono prognozy dotyczące ewolucji zachowań konsumentów pod wpływem zmian technologicznych, społecznych i ekonomicznych.

2. Wzrost świadomości ekologicznej:

○ Konsumenci są coraz bardziej świadomi kwestii ochrony środowiska. Oczekuje się rosnącego popytu na produkty zrównoważone, etyczne i przyjazne dla środowiska. Aby spełnić te oczekiwania, firmy będą zatem musiały włączyć zrównoważone praktyki do swojej oferty.

3. Preferowanie spersonalizowanych doświadczeń:

○ Personalizacja staje się kluczowym czynnikiem decyzji zakupowych. Konsumenci oczekują dostosowanych do indywidualnych potrzeb doświadczeń, czy to w handlu elektronicznym, marketingu czy obsłudze klienta. Firmy będą musiały wykorzystywać dane i sztuczną inteligencję, aby zapewniać spersonalizowane doświadczenia.

4. Zwiększone wykorzystanie technologii cyfrowych:

○ Wraz z postępującą cyfryzacją konsumenci będą w dalszym ciągu adaptować i dostosowywać się do nowych technologii. Obejmuje to zwiększone wykorzystanie platform e-commerce, aplikacji mobilnych i asystentów głosowych przy zakupach.

5. Szukaj autentyczności i przejrzystości:

o   Konsumenci cenią w markach autentyczność i przejrzystość. Coraz chętniej szukają informacji o produktach i firmach przed podjęciem decyzji o zakupie, preferują marki, które są uczciwe i otwarte.

6. **Wrażliwość na kwestie społeczne:**

o   Kwestie społeczne, takie jak równość, różnorodność i włączenie społeczne, w coraz większym stopniu wpływają na wybory konsumentów. Firmy będą musiały wykazać się zaangażowaniem w te kwestie, aby utrzymać silny związek z odbiorcami.

7. **Preferencje dotyczące zakupów online:**

o   Oczekuje się, że trend w kierunku zakupów online, przyspieszony przez pandemię Covid-19, będzie się utrzymywał. Konsumenci cenią wygodę, różnorodność i często najlepsze ceny dostępne w Internecie.

8. **Zapytanie o szybkie i wydajne usługi:**

o   Konsumenci oczekują szybkiej i sprawnej obsługi. Szybka dostawa, łatwość zwrotów i sprawna obsługa klienta będą kluczowymi czynnikami w zdobywaniu i zatrzymywaniu klientów.

9. **Ewolucja metod płatności:**

o   Metody płatności będą nadal ewoluować wraz ze

wzrostem wykorzystania płatności zbliżeniowych, portfeli cyfrowych i być może kryptowalut, zapewniając większą wygodę i bezpieczeństwo.

10. **Wniosek :**

o Firmy muszą zwracać uwagę na te zmiany w zachowaniach konsumentów, aby odpowiednio dostosować swoje strategie. Zrozumienie i spełnienie zmieniających się oczekiwań konsumentów będzie miało kluczowe znaczenie dla zapewnienia odpowiednich i angażujących doświadczeń oraz utrzymania przewagi konkurencyjnej na stale zmieniającym się rynku.

Często zadawane pytania dotyczące marketingu cyfrowego

1. **Czym jest marketing cyfrowy?**

o Odpowiedź: Marketing cyfrowy obejmuje wszelkie działania marketingowe wykorzystujące kanały cyfrowe do promowania produktów lub usług. Obejmuje to SEO, marketing treści, media społecznościowe, marketing e-mailowy, reklamę online i nie tylko.

2. **Jakie korzyści SEO może przynieść mojej firmie?**

o Odpowiedź: SEO

(Search Engine Optimization) pomaga poprawić widoczność Twojej witryny w wyszukiwarkach. Może to prowadzić do zwiększenia ruchu organicznego, lepszej wiarygodności marki, a ostatecznie do wzrostu sprzedaży i konwersji.

3. **Jak ważne są media społecznościowe w marketingu cyfrowym?**

o   Odpowiedź: Media społecznościowe umożliwiają firmom dotarcie do dużej liczby odbiorców i zaangażowanie ich. Oferują wyjątkowe możliwości budowania marki, reklamy ukierunkowanej, angażowania klientów i uzyskiwania bezpośrednich informacji zwrotnych od konsumentów.

4. **Jaka jest różnica między marketingiem przychodzącym i wychodzącym?**

o   Odpowiedź: Marketing przychodzący koncentruje się na tworzeniu wysokiej jakości treści, aby przyciągnąć klientów do Twojej firmy, podczas gdy marketing wychodzący obejmuje bardziej bezpośrednie podejście, takie jak reklamy i zimne rozmowy telefoniczne, w celu uzyskania sprzedaży.

5. **Jak mierzyć skuteczność cyfrowej kampanii marketingowej?**

o   Odpowiedź: Skuteczność można mierzyć za pomocą różnych wskaźników, takich jak ruch w witrynie, współczynnik konwersji, zaangażowanie w mediach społecznościowych, ROI (zwrot z inwestycji) i inne KPI (kluczowe wskaźniki wydajności).

6. **Czym jest marketing treści?**

o   Odpowiedź: Marketing treści polega na tworzeniu i udostępnianiu odpowiednich materiałów informacyjnych (takich jak blogi, filmy, infografiki) w celu przyciągnięcia i utrzymania docelowych odbiorców, a ostatecznie w celu stymulowania działań klientów.

7. **Jakie są zalety płatnej reklamy w Internecie?**

o   Odpowiedź: Płatne reklamy online, takie jak reklamy typu Pay-Per-Click (PPC), zapewniają natychmiastową widoczność, precyzyjne kierowanie do odbiorców i możliwość bezpośredniego pomiaru skuteczności reklam.

8. **Jak ewoluował marketing cyfrowy dzięki technologii mobilnej?**

o   Odpowiedź: Wraz ze wzrostem wykorzystania smartfonów marketing mobilny stał się kluczowy. Obejmuje to optymalizację witryny pod kątem urządzeń mobilnych, aplikacji mobilnych, marketing SMS i strategie dotyczące treści dostosowanych do urządzeń mobilnych.

9. Czym jest automatyzacja marketingu i jak może pomóc mojemu biznesowi?

o   Odpowiedź: Automatyzacja marketingu wykorzystuje oprogramowanie do automatyzacji powtarzalnych zadań marketingowych. Może to poprawić wydajność, ograniczyć błędy ludzkie i umożliwić spersonalizowaną komunikację na dużą skalę.

10. Jak zintegrować zrównoważony rozwój z marketingiem cyfrowym?

o   Odpowiedź: Włączenie zrównoważonego rozwoju obejmuje promowanie etycznych i przyjaznych dla środowiska praktyk w strategiach marketingowych, komunikowanie wysiłków na rzecz zrównoważonego rozwoju oraz przyjęcie praktyk biznesowych, które wspierają odpowiedzialność społeczną i środowiskową.

DZIĘKI

Pisząc tę książkę, miałem zaszczyt czerpać z wiedzy, doświadczenia i wsparcia wielu wyjątkowych osób. Jest dla mnie ważne, aby poświęcić chwilę, aby wyrazić wdzięczność wszystkim, którzy przyczynili się do ukończenia tej pracy.

Przede wszystkim chciałbym podziękować moim kolegom i mentorom z dziedziny marketingu cyfrowego. Twoja wiedza, spostrzeżenia i porady były nieocenionym źródłem inspiracji podczas całego projektu. Twój wkład w świat marketingu cyfrowego nadal kształtuje branżę, a Twój wpływ znajduje odzwierciedlenie na stronach tej książki.

Szczególne podziękowania należą się zespołowi redakcyjnemu i recenzentom za ich ciężką pracę, dbałość o szczegóły i zaangażowanie w utrzymanie najwyższej jakości. Dzięki Twojemu profesjonalizmowi i zaangażowaniu niniejszy manuskrypt znacznie się poprawił, dlatego jestem głęboko wdzięczny za Twoje wsparcie podczas całego procesu.

Chciałbym także wyrazić wdzięczność mojej rodzinie i przyjaciołom za ich niezachwiane wsparcie, zachętę i cierpliwość. Wasze zrozumienie i wsparcie podczas długich godzin spędzonych na pisaniu i badaniach były filarem mojej motywacji i wytrwałości.

Specjalne podziękowania dla społeczności marketingu cyfrowego – praktyków, naukowców, studentów i entuzjastów – za ich niesłabnącą ciekawość i pragnienie nauki. Twoje zaangażowanie w doskonałość i innowacyjność nadal inspiruje moją pracę i myślenie.

Na koniec chciałbym podziękować każdemu czytelnikowi, który zdecydował się zagłębić w tę książkę. Twoje zainteresowanie marketingiem cyfrowym i chęć rozwoju zawodowego są powodem napisania tej książki. Mam nadzieję, że znajdziesz na tych stronach cenne informacje, inspirujące pomysły i praktyczne strategie poruszania się po dynamicznym świecie marketingu cyfrowego.

Serdeczne pozdrowienia,
Vincenta Lefebvre'a